MW00468835

Voice of Ice

← →

Voix de Glace

Alta Ifland

Translated from the French by the author

with an Introduction by
Gary Young

TrenchArt: Parapet Series

𝆑

Les Figues Press
Los Angeles

Designed and edited by Les Figues Press.
Printed in Canada.

TrenchArt: Parapet
FIRST EDITION

ISBN 10:   1-934254-03-7
ISBN 13:   978-1-934254-03-5

Library of Congress Control Number: 2007928242

Les Figues Press thanks its members for their support and readership.
Les Figues Press is a 501(c)3 organization. Donations are tax-
deductible.

Les Figues would like to acknowledge the following individuals
for their generosity: David Arata, Tracy Bachman, Nancy Bauer-
King, Johanna Blakley, Sissy Boyd, Diane Calkins, Terry Castle,
Kate Chandler, Sarah de Heras, Deborah Harrington, Jennifer
Mayer, Toni Rabinowitz, Stanley Sheinbaum, Mary Swanson, Julie
Wilhoit, Heather Wilson, and Susan Wolfe.

Publisher's Note: Special thanks to Johanna Blakley, Janice Lee,
Vanessa Place, Maude Place, Fergus Place, and Pam Ore.

Distributed by SPD / Small Press Distribution
1341 Seventh Street
Berkeley, CA 94710
www.spdbooks.org

TrenchArt 3/1
Book 2 of 5 in the TRENCHART Parapet Series.

$\oint$

LES FIGUES PRESS
Post Office Box 35628
Los Angeles, CA 90035
323.934.5898 / info@lesfigues.com
www.lesfigues.com

For SK,
without whom this book wouldn't exist

Table

Introduction

Contents

Introduction

If fairy tales and fables can be said to represent the dream life of our collective psyche, the poems in Alta Ifland's *Voice of Ice* might be described as the chronicle of what a dream dreams, an account of a nightmare's torment. Ifland's brilliant collection of prose poems documents the quest for a coherent self, an authentic identity born out of the chaos of language and history. Her poems trace a radical process of de-creation—dismemberment of the body, dissolution of the ego, abandonment of the self—and the reinvention of a new identity, purified by the acid of tears. This new creation—tentative and rarified, "a child's body of light"—earns a tenuous existence, but it proves to be enough to withstand the omnipresent threat of oblivion.

Voice of Ice is structured loosely on the classic hero's tale. Between the first poem, "Birth," and the last poem, "Death," the narrator is challenged, tested and chastened. She discovers her true nature, faces and succumbs to death, and ultimately is resurrected to a world that is itself reborn. Ifland's poems are filled with images that are by turns surreal and atavistic. Like stacking dolls, these images seem to spill, one after another, from some deep psychic reservoir. Her poems are startling in their emotional candor, and in their unrelenting descriptions of a soul in torment. Stylistically, Ifland's poems recall Gertrude Stein's use of repetition and reiteration. Baudelaire's juxtaposition of the quotidian and the fantastic in his "little poems in prose" is surely an influential antecedent, and Arthur Rimbaud's tortured prose poems echo here as well. I would suggest that *Voice of Ice* is also indebted to the alchemists. The narrator of these poems suffers

anguish, annihilation, purification and eventual rebirth. Ifland writes, "On the gray rock my shadow licks the stone my body has become." This is the philosopher's stone, the self as it addresses the ordeal and the agony of creation.

Arthur Rimbaud famously asserts in his so-called "Voyant" letter to Paul Demeny, "For I is another." Ifland attempts to penetrate this mystery of the self, and demands to know: "Who is I?" In "My double's double" she asserts that, "I is but the doubtful and unlikely shadow of my double." Elsewhere ("Burst eyes"), a man who suffers both self-mutilation and laceration by outside forces, "is not only he, but someone else, and I someone else too." Yet another poem begins, "I am dissolving." In Ifland's poems, the path to individuation requires a thorough dismantling of self, and this process is delineated in visceral, often harrowing detail.

Voice of Ice is marked by a litany of recurring images— eyes, tears, flowers, ice, shadow, blood, and bone—whose metaphoric content is redoubled with their iteration. The most potent image is that of an eye, omnivorous and all seeing ("An eye fills the whole night."), but also the source of tears that bathe these poems in sadness. This duality repeats itself in Ifland's poems: vision and sorrow, insight and tears.

The quest for a coherent self is described in terms of physical disintegration ("nothing was left of my body"), which mirrors the psychic disintegration of a self simultaneously reduced to and saved by poetry, by song. Ifland declares, "I wish I could write a first line that belonged to no one." Her desire is to be unencumbered, to be "new born." Her project is a radical re-invention through words, words that have the "grimace of a newborn." The poet, like the language that excoriates and molds her, is a child of the poem. She exhibits the borderless ego of an infant, and subsumes her environment, even her progenitor: "My mother wasn't present at my birth."

Ifland suffers the seemingly insurmountable fact that "My language doesn't belong to me." Until she can

recover it, she will be stripped of her place in the world, of her very skin and bones, and her words will remain "dead like me." The most heart-rending poems in this collection describe the dissolution of the poet's body, and her desire for a new, purer body—a body of song. The poet must endure her own disintegration ("my bones are singing like a happy cadaver") to reach a place redeemable by an authentic, unencumbered voice.

In "Nightfall," even as the poet has extracted her own gallbladder, "an inky film extends" from her arms, and the "Night pours through the open window in inky waves." Writing is what creates a habitable, if unstable world. The poet is torn apart in "Shredded shadow," de-bodied rather than "disembodied," reduced to essentials, and out of these elemental pieces (blood, tears, bone) new creatures are born, new creations, new songs. "One day" imagines a future when "icy eyes will take in the dust we will have become," and though disembodied, our words will persist, "the noisy shriek of a passing existence."

In poem after poem, Ifland asks, is it better to face oblivion in silence or in song? Is it even possible (or desirable) to keep our flesh, our earthy bodies, and is the pain of this effort worth the result? Ifland imagines a peculiar redemptive measure, "an instant when millions of men and women from everywhere, through a single sacrificial gesture, will all cut their wrists." In another act of sacrifice, the narrator gives a little girl "all my blood and the marrow of my bones," but identity is still furtive insofar as "such gestures exist only in myths." Ifland imagines herself reduced to a transparent essential: a body of glass. In a city filled with glass bodies, there is no way to determine whose body is whose. Ifland knows that "one of them is my body," but wonders, "which one?" A murmur comes from the city's glass inhabitants, "the glass bodies had started humming together." The poet discovers, "my body can say things without me," and a self begins to emerge out of this most elemental utterance.

In the unmistakable style of fairy tale and parable, Ifland begins a poem, "Once there was a woman who,

whatever she did, could not be." This woman tries desperately to "show that she was." She tries to speak, "but the words stopped in her throat." She tries to create herself, to will herself into being with language, but her words turn into grains of salt, which flow from her mouth. She becomes an effigy of salt (alchemized tears), the simulacrum of a living woman. Later, in "The shattered jug," a young woman "from childhood tales" tries to laugh, but her laughter breaks "into shrieks." The young woman, tormented in her search for a voice, may be mad, but Ifland wonders, "Is she me?"

When a coherent identity finally emerges, it is a humble one: "I know I am but a louse," the poet says, "I am but a lame louse let loose." This little "louse with glasses" may "lick the Masters' boots," and rust may cover her stories, but she says, "yes yes yes to every kick." This re-emergent self breaks through silence with affirmation, albeit under duress. Deracinated bodies that have undergone the most brutal dismemberment begin to flow and reassemble with benign insouciance in poems such as "Rain and fire," where the simple act of watching a fire and listening to rain on the roof creates bodies that "disappear in the rain with long, thin fingers, in the fire with red, coppery tongues."

Voice of Ice shifts away from terror towards song, identity, and a future "rich with silence and words." In "The summer kitchen," Ifland admires a honey jar, and admits, "It was its substance that intrigued her." Like the louse beforehand, in this poem, "Only a fly dared to break the silence," but this tiny voice is enough. Ifland insists that the self, "distressed ant that you are kneeling before the Gates of the Unknown" and no more significant than an insect, is still strong enough to withstand the onslaught of dissolution and oblivion. Ifland does not respond to this reemergence heroically, and seems to find only modest comfort in her resolve, but she concedes, "Even death is no longer final."

Gary Young

Santa Cruz, 2007

Voix de Glace

Voice of Ice

Naissance

Je suis née en un laps de temps, la main accrochée à un pissenlit, les pieds agrippés à une feuille de vigne, le nez dans le dos, l'oeil à la cheville. La lune dardait ses rayons de morte pâle, saupoudrant les rêves des mortels d'une couche épicée. Ma mère n'était pas présente à ma naissance, ou peut-être était-elle là et sa douleur d'être déchiré bat aujourd'hui encore dans mes veines.

Le nez de mon dos se reflète bizarrement dans l'oeil de ma cheville.

Birth

I was born in a lapse of time, my hand clinging to a dandelion, my feet gripping a vine leaf, my nose on my back, an eye on my ankle. The moon cast its dead pale rays, sprinkling the mortals' dreams with a layer of spice. My mother wasn't present at my birth or maybe she was there and her pain of being torn apart still throbs in my veins.

The nose on my back is reflected in a strange way in the eye on my ankle.

Première ligne

Je voudrais écrire une première ligne qui n'appartienne à personne et qui soit tout le contraire du désir d'écrire qui l'a fait naître. Un souffle de mort lui traversera les entrailles, et la brûlure de ce souffle glacé imprimera sur le visage de chaque mot la grimace d'un nouveau-né venu au jour comme on va vers la nuit. Toute la terreur de ce qui est poussé à être explosera sur ces visages, qui se retireront ensuite, terrifiés par le vertige d'être, comme les cornes d'un escargot avant même qu'on les touche. Je serai à la fois, la corne de l'escargot, la main tendue vers elle et le nouveau-né arrêté à mi-chemin dans le corps de la mère. Je serai également le corps de la mère, mort au moment où le nouveau-né rencontrera le premier rayon de lumière.

First line

I wish I could write a first line that belonged to no one and would be the exact opposite of the desire to write that gave birth to it. A deadly, frozen breath would blow through its bowels, sealing with a burning touch each word's face and imprinting on it the grimace of a newborn who comes into daylight as if into darkness. All the terror of what is dragged into being will explode in these faces, which will then recede, terrified by the vertigo of being, like a snail's fearful horns. I will be all at once the snail's horn, the hand reaching toward it and the newborn stopped half-way in the mother's womb. I will also be the mother's body, dead at the moment when the newborn meets the first ray of light.

Voix de glace

Je parle de l'intérieur d'une tige de fleur, verte et longue, longue et verte, et à chaque mot, une perle de rosée tombe de la fleur qui pendant la nuit devient un oeil immense noyé de larmes. Mais l'oeil ne pleure pas. Il attend, aux bords des larmes. Quelque part, dans l'univers des larmes, un vent de glace souffle sur elles, et elles gèlent, elles sont maintenant des fleurs de glace, et je parle de l'intérieur d'une tige de fleur de glace, et la fleur ne pleure plus. Je parle de l'intérieur d'une tige de fleur de glace qui a gelé dans mon oeil, et je ne peux plus sortir de mon oeil, je ne peux plus sortir.

Voice of ice

I speak from inside the stem of a flower, a long green flower, and with each word a pearl of dew falls from the flower, which at night becomes an enormous eye brimming with tears. But the eye doesn't cry. It waits, at the edge of tears. Somewhere in the universe of tears an ice wind blows on them and they freeze, they are now ice flowers, and I speak from inside the stem of an ice flower, and the flower no longer cries. I speak from inside the stem of an ice flower that has frozen inside my eye, and I can no longer leave my eye, can leave no longer.

Dans la nuit, un chien

Un oeil remplit toute la nuit. Un seul oeil, grand ouvert. Lorsqu'il se dilate, ses bords dépassent le cadre de la nuit, et puis il tombe goutte à goutte dans l'*invusemblable*. Les gouttes de l'oeil voyagent pendant longtemps au-delà du temps, mais la nuit reste où elle est et ce qu'elle est. Noire et froide. Puis un coeur remplit toute la nuit. Un seul coeur, grand comme un oeil grand ouvert. Lorsqu'il est ému, le coeur se gonfle comme une tarte au four, déborde le cadre de la nuit et se déverse goutte à goutte au-delà de la nuit. Au-delà de la nuit tout est gris. Les rues sont désertes et le brouillard pèse et on ne peut entendre que les hurlements des chiens. Les hurlements s'enroulent en l'air et puis marchent dans la rue comme des êtres absents. Un chien traîne dans la rue, seul, un morceau de chair suspendu comme des loques à ses babines. Il s'arrête, renifle et met le morceau par terre. C'est mon coeur. Puis il le perce de ses crocs pointus.

In the night, a dog

An eye fills the whole night. A single eye, wide open. When it dilates, its edges extend beyond night's boundaries, and then it falls drop by drop into the unseeable. The eye's drops travel for a long time beyond time, but night stays where it is and what it is. Dark and cold. Then a heart fills the whole night. A single heart, big like an eye wide open. When it brims with emotion, the heart swells like a cake in the oven, spills over night's edges and drips drop by drop beyond night. Beyond night all is gray. The streets are deserted and heavy with fog, and only the howling of dogs can be heard. The howls swirl in the air and then walk along the street like absent beings. A dog lingers in the street, alone, with a piece of flesh hanging raglike from his chops. He stops, sniffs and puts the piece on the ground. It is my heart. Then he tears into it with his pointed fangs.

Choeur cuivré

Au bout du bout du monde on peut voir le bout d'une spirale métallique qui vient on ne sait d'où et qui s'arrête sans aucune raison particulière à cet endroit précis. Si on tire le bout de la spirale, elle émet un son comme celui de la voix d'un enfant qui chante le dimanche dans le choeur d'une église. Si on tire deux fois, le son de la spirale ressemble à celui produit par les voix de deux enfants. Avec un peu d'effort, on peut entendre le choeur entier et on peut voir les visages sans expression des enfants, tous garçons, dont les voix s'élèvent ensemble, brisant la pureté de l'air. Leur chant, suspendu un moment dans l'air, et de là, revenant de nouveau sur terre, fait penser au rideau d'une chute d'eau. À travers le rideau d'eau on peut voir la silhouette d'une femme nue qui passe et disparaît, et puis revient, et passe et disparaît. Au début, les cheveux de la femme font penser à l'eau elle-même, puis l'on remarque qu'ils *sont* l'eau elle-même. Les voix des enfants s'accélèrent. La femme qui passe à travers le rideau bouge de plus en plus vite. Elle bouge si vite qu'elle semble tourner sur son axe, alors que les voix des enfants semblent se casser en différents éléments qui transforment le chant en un collage de sons disharmonieux et disparates. Quand le bruit deviendra insupportable, les voix des enfants seront devenues elles-mêmes un essaim d'abeilles se ruant sur les corps fragiles qu'elles finiront par dépouiller de leur chair, et dont elles ne laisseront que les os blancs. Ensuite les abeilles seront résorbées par le tunnel à l'intérieur de la spirale, qu'elles longeront jusqu'à son on-ne-sait-où, pendant que les os commenceront un autre chant dans la lumière du crépuscule.

Metallic choir

At the end of the end of the world the end of a metallic spiral can be seen, coming from nowhere and stopping for no particular reason at this precise spot. If one pulls the end of the spiral, it triggers a sound like that of a child's voice, singing on Sundays in a church choir. If one pulls twice, the sound of the spiral resembles that of the voice of two children. With some effort, the entire choir can be heard and the expressionless faces of children can be seen, all boys, whose voices soar together, breaking the air's purity. Their song, suspended for a moment in the air, and from there, coming back to earth, brings to mind a waterfall curtain. Through the water curtain the profile of a naked woman can be seen passing and disappearing, then coming back, and passing and disappearing. At the beginning, the woman's hair brings to mind water itself, then one notices that it *is* water itself. The children's voices speed up. The woman passing through the curtain moves faster and faster. She moves so fast that she seems to be spinning around herself, while the children's voices seem to be breaking into various elements that transform the song into a collage of disharmonious and disparate sounds. When the noise becomes unbearable, the children's voices will themselves have become a swarm of bees attacking their fragile bodies, which they will gradually strip off their flesh, leaving only the white bones. Then the bees will be swept into the spiral tunnel, exploring its inner walls until reaching its nowhere, while at twilight the bones will begin another song.

Os sans corps

Mes membres tombent un par un. D'abord un bras, ensuite l'autre. Mes yeux tombent un par un. Un oeil, l'autre oeil. Mes cheveux tombent un par un. Du dehors, je regarde mon corps qui se défeuille comme un arbre. Quelqu'un dit : "Tu n'arriveras nulle part." Et mes os répondent par un cliquetis de verre, et ils marchent sans corps, laissant la chair épluchée derrière. Du dehors, je regarde la grimace sur le visage qui n'est pas le mien. Et je traîne après moi les os parmi lesquels souffle le vent, et mes os chantent comme un mort joyeux. Et à la fin je suis toujours au départ. Nulle part.

Bones without a body

My limbs are falling one by one. First one arm, then the other. My eyes are falling one by one. One eye, the other eye. My hair is falling bit by bit. From a distance, I watch my body shedding its leaves like a tree. Someone says: "You won't get anywhere." And my bones answer with a glassy jingling, and they are walking away bodyless, leaving the stripped flesh behind. From a distance, I watch the grinning face, which isn't mine. And I'm dragging the bones the wind blows through, and my bones are singing like a happy cadaver. And in the end I'm where I started. Nowhere.

Les trois danseuses

Par trois, la main dans la main, elles dansent. L'une a un oeil qui rit, l'autre, un oeil qui pleure, et la troisième, un oeil dans la nuque. Le sable, effleuré par leurs pieds, poursuit le fantôme de leurs gestes. Je mets la tête dans le sable, mais le fantôme n'est pas là. Je cache ma tête et mon corps dans le sable et je vois les gestes des danseuses s'écouler goutte à goutte d'un sablier. Dans le sablier, les gestes n'arrêtent de naître et de mourir, alors que, de l'autre côté, sur la terre, leur fantôme vit éternellement.

The three dancers

They're dancing, all three, hand in hand. One has a laughing eye, the other a crying eye, and the third, an eye at the back of her neck. The sand, feathered by their feet, follows their phantom movements. I place my head in the sand, but the phantom is not there. I hide my head and my body in the sand and I see the dancers' movements flowing, drop by drop, from an hourglass. Inside the hourglass, the movements keep coming to life and dying, while on the other side, on earth, their phantom lives on forever.

Le train

Au fil des années enneigées, je perçois à travers la brume qui se lève, le train. Dans le train, les passagers se côtoient en une intimité obscène, des paniers d'osier au bras, d'où des poules hissent leur tête endormie. Le contrôleur de billets arrive et passe une bouteille d'eau-de-vie aux passagers soudainement ranimés pendant que la neige commence à fondre et à couler en flots boueux, et les passagers enivrés s'y jettent, un par un, et le contrôleur aussi.

Des paniers d'osier sortent les poussins à peine conçus par les poules à moitié endormies, et les poussins prennent la place des passagers, et le train siffle, et dehors, les eaux gèlent de nouveau, et les congères partent à la dérive, emportant le train avec elles.

Dans le train, les passagers se bousculent, les poussins piaulent, les cris s'entrelacent au-dessus des têtes des passagers, et là, ils restent suspendus jusqu'au moment où le train entre en sifflant dans le tunnel de glace, et alors les cris retombent sur le va-et-vient des poussins devenus maintenant poules et des passagers qui ont pris la place des poules dans les paniers d'osier, et lorsque le train sort du tunnel brumeux, on peut voir sous le premier rayon de soleil le cadavre du contrôleur, mort d'ivresse sous une volée de poussins d'or.

The train

As the snowy years go by, I catch, through the clearing mist, a glimpse of the train. In the train, the passengers are crammed together in an obscene intimacy, with wicker baskets on their arms, out of which chickens are lifting their sleepy heads. The conductor arrives and passes a bottle of brandy around to the passengers, who are suddenly coming to life while the snow begins to melt and flow in muddy waves, and the drunken passengers jump in, one by one, and the conductor too.

Out of the wicker baskets come the chicks just conceived by the half-asleep chickens, and the chicks take the passengers' places, and the train whistles, and outside, water freezes again, and the snow is drifting, taking the train with it.

In the train, the passengers are jostling each other, chicks are cheeping, the cries intertwine above the passengers' heads, and there they hang until the moment the train enters the ice tunnel, whistling, and then the cries fall back on the comings and goings of the chicks which are now chickens and of the passengers who have taken the chickens' places in the wicker baskets, and when the train comes out of the misty tunnel, under the first ray of sun the conductor's corpse can be seen, dead drunk under a flock of golden chicks.

Tombée de la nuit

De mon bras gauche à mon bras droit s'étend une pellicule d'encre avec, au milieu, comme une larme de lumière dorée, ma vésicule biliaire que j'ai réussi à extirper. La nuit entre à flots d'encre par la fenêtre ouverte. Dehors, mon corps n'existe pas. Dans le ciel lointain, les étoiles tremblent dans le bain d'encre et arpentent son silence amer. Le noir peint le ciel de gauche à droite, mais personne ne sait où commence la gauche ou la droite. Ni où elles finissent. Les étoiles laissent des traces de sel dans le gouffre infini de l'oubli. La nuit du ciel puise éternellement son silence dans le gouffre. Goutte à goutte, le silence s'étend au-dessus du monde des hommes. La nuit tombe.

Nightfall

From my left arm to my right an inky film extends, and in between, like a teardrop of golden light, hangs my gallbladder, which I've managed to extract. Night pours through the open window in inky waves. Outside, my body doesn't exist. Far off, the stars tremble in the sky's ink bath, traversing its bitter silence. Darkness paints the sky from left to right, but no one knows where left or right begin. Nor where they end. The stars leave traces of salt in the infinite abyss of oblivion. The sky's night reaches forever toward its silence in the abyss. Drop by drop, silence extends above the world of men. Night falls.

Ombre déchirée

Mon ombre et moi montions une longue pente raide, qui n'en finissait plus. Une pluie fine et froide se mit à tomber, et, toute mouillée, je demandai à mon ombre, qui était toujours sèche, d'arrêter. Alors mon ombre se mit en colère et se jeta sur moi me tiraillant en lambeaux, et chaque lambeau qui tombait par terre se muait en une étoile rouge et charnue, comme un crabe à quatre pattes qui zigzaguait sur le sentier mouillé. Et quand il ne resta plus rien de mon corps, la constellation de crabes suivit en file indienne mon ombre qui marchait toujours sans se lasser. Et de nouveau les nuages s'entassèrent au-dessus du sentier et des gouttes lourdes polirent les étoiles-crabes et leurs voix montèrent en un son indivisible qui demandait à l'ombre d'arrêter, mais celle-ci marchait toujours. Alors les étoiles-crabes se jetèrent sur elle et la mirent en pièces et s'emparèrent de ses lambeaux et ainsi arrivèrent au sommet, là où habite le soleil.

—Voilà, nous t'avons apporté les restes de l'ombre, dirent-ils, et le soleil prit les restes et puis darda ses rayons sur les étoiles-crabes et celles-ci fondirent sans trace.

Shredded shadow

My shadow and I were walking up a long steep slope with no end in sight. A cold fine rain started falling, and, soaked, I asked my shadow, which was still dry, to stop. Then my shadow grew furious and threw herself at me, tearing me to shreds, and each shred that fell on the ground turned into a red fleshy star, like a four-legged crab crawling zigzag up the wet path. And when nothing was left of my body, the crab constellation lined up behind my shadow, which kept on, tirelessly. And again the clouds gathered above the path and heavy drops polished the star-crabs and their voices rose in a single sound begging my shadow to stop, but she kept on. Then the star-crabs threw themselves on her and tore her to pieces and took her shreds and carried them up to the summit, where the sun lives.

—Here, we've brought you the shadow's remains, they said, and the sun took the remains and then cast its rays on the star-crabs and they melted without a trace.

La patineuse

La patineuse secrète la danseuse. Ses gestes, en deçà du mouvement, ont la retenue de la larme au bord de la chute, toujours au bord. Ils se retiennent avec une passion muette, contenus dans le pouvoir de ce qu'ils pourraient dire s'ils se laissaient aller. Pris dans la glace. Mais non pas captifs. Libres dans la retenue glacée de ce qui pourrait être un chant de la ligne qui se fait corps, et du corps qui se fait signe. Du corps de la patineuse, les gestes s'écoulent en gerbes perlées, et le miroir sous ses pieds ne renvoie aucune image. Encore et encore, son corps se dresse svelte et fluet, tandis que sous ses pieds la glace se casse en mille méridiens.

Elle n'est pas que la grâce, elle est la danseuse figée en un geste.

The ice skater

The ice skater shields the dancer shedding her secrets. Her gestures, on this side of movement, tremble like tears at the edge of falling, always at the edge. They hold themselves back with a quiet passion, restrained in the power of what they could say if they let themselves go. Caught in ice. But not captive. Free in the frozen tremor of what could be a song of line made body, and of body made sign. From the ice skater's body, the gestures fly in pearly sprays, and the mirror under her feet returns no image. Again and again, her slender body stands as the ice under her feet breaks in myriad meridians.

She is not just grace, she is the dancer frozen in a gesture.

La douceur des choses, autrefois

Autrefois, les choses étaient enveloppées dans une douceur pareille à une couche de miel de lavande, et quand elles se passaient, la douceur montait en elles comme dans une tige et se répandait par terre, et le monde entier fleurait le miel et la paix.

Autrefois, les hommes sortaient le dimanche en costume, et les femmes portaient des robes fleuries. Moi aussi, autrefois, j'ai porté une petite robe fleurie, et un petit chapeau blanc, et m'accrochais à la main de mon père, qui portait un costume. Le dimanche.

Chaque dimanche nous revenions ensemble, à travers le parc, et avant qu'il m'emmène comme d'habitude à la confiserie du coin, nous nous arrêtions à la grande maison tapissée de verdure, et je jouais avec les jouets d'Ada, dont je n'ai gardé que le nom. Non, je ne jouais pas avec ses jouets. Je les touchais, comme on touche des choses enveloppées dans une couche de miel. Et je respirais déjà leur mort à venir, et savourais leur douceur que je prenais à petites gorgées.

*

Ai-je dit que nous revenions du match de foot ?

The sweetness of things, in the old days

In the old days, things were wrapped in sweetness as in a layer of lavender honey, and when they happened, the sweetness surged inside them as inside a stem and spilled on the ground, and the whole world smelled of honey and peace.

In the old days, men went out in suits on Sundays, and women wore flowery dresses. I too, in the old days, wore a little flowery dress and a little white hat, and clung to my father's hand—he was dressed in a suit. On Sundays.

Every Sunday we crossed the park together on our way home, and before reaching the pastry shop at the corner, we stopped at the big house with climbing foliage, and I played with Ada's toys—her name is all I remember. No, I didn't play with her toys. I touched them, as one touches things wrapped in a layer of honey. And I was already breathing their death to come, and savoring their sweetness in small gulps.

*

Did I mention that we were returning from the football game?

Un jour

Un jour, nous semblerons tout aussi naïfs à ceux qui viendront après nous et qui nous liront, que ceux qui nous ont précédés nous semblent aujourd'hui. Nos croyances seront leurs mythes, nos tourments, rien de plus que la rhétorique inutile et bizarre des peuplades disparues. Les professeurs expliqueront aux élèves le sens du mot "sentiment," et les élèves se féliciteront de la chance de ne pas vivre à une époque si barbare. Leurs yeux vitreux regarderont à travers la poussière que nous serons devenus, et nous ne serons que le signe vide du démembrement d'un corps qui fut jadis chair. Et nos mots ? Nos mots seront le cri trop aigu de l'existence qui passe et du passage dans l'oubli, et notre refus désespéré de nous rendre à l'oubli les gênera un peu, mais à peine, comme l'effleurement de quelque chose qui vous est vaguement familier, l'animal qui gît au tréfonds et qui hurle, seul, dans le désert.

One day

One day, we will seem to those coming after us and reading us, as naive as those who have preceded us seem to us today. Our beliefs will be their myths, our torment nothing more than the bizarre, useless rhetoric of vanished peoples. Professors will explain to students the meaning of the word "feeling," and the students will rejoice in their luck at not living in such a barbaric age. Their icy eyes will take in the dust we will have become, and we will be but the empty sign of a dismembered body which was once flesh. And our words? Our words will be the noisy shriek of a passing existence and of its passage into oblivion, and our desperate refusal to sink into oblivion will embarrass them, but barely, like the feathery touch of something vaguely familiar, the animal lying in the depths and crying, alone, in the desert.

L'enfant merveilleuse

Au seuil de la maturité, j'ai commencé à rêver les yeux ouverts, d'une petite fille qui m'accompagnait partout et qui était moi et mon enfant à la fois. Elle était légère et vivace, sage et cependant sensible, proche et cependant lointaine. Dès le moment où elle eut apparu dans ma vie, je chassai de mon âme tout désir de jamais aimer un homme, tout désir d'aimer, tout désir ("Tout" est une façon de parler, bien sûr.). Je lui offris tout mon sang et la moelle de mes os, et me mirai dans ses yeux comme dans un puits sans fond, et l'enfant merveilleuse grandissait, et plus elle était réelle, plus je devenais irréelle.

The marvelous child

On the threshold of adulthood I began to dream of a little girl who followed me everywhere and who was myself *and* my child at the same time. She was light and joyful, wise, yet sensitive, close, yet far away. As soon as she came into my life, I banned from my soul all desire to ever love a man again, all desire to love, all desire ("All" is a way of speaking, of course). I gave her all my blood and the marrow of my bones, and I saw my reflection in her eyes as if into a bottomless well, and the marvelous child grew, and the more real she was, the more unreal I became.

To be or not to be ? No, to be *into*

Dernière trouvaille des adolescentes japonaises : se couper les veines. Non pas comme dernier geste désespéré d'une quelconque crise insurmontable, mais tout simplement comme ça. De temps en temps. Pour sentir quelque chose. Il faut bien sentir quelque chose si on est vivant. Se faire sentir. *She is into cutting her wrists. Last month she was into being poor. Next month she will be into existing.*

Le geste, dépourvu de toute signification, réduit à la mécanique de la répétition de tous les gestes qui lui ont préexisté, le geste non pas comme *être*, mais comme *être cool*.

Peut-on aujourd'hui imaginer une rédemption du geste ? Un geste accompli *une fois pour toutes* ? On peut essayer d'imaginer une révolte du geste, un instant où des milliers d'hommes et de femmes de partout dans le monde, par un unique sacrifice collectif, se couperont tous les veines, et leur sang jaillira en mille points comme un geyser chaud ou comme une giclée animale, pour effacer une fois pour toutes l'horreur de l'ère de ceux qui ne peuvent pas *être*.

Mais de tels gestes n'existent que dans les mythes.

To be or not to be? No, to be *into*

Latest discovery of Japanese teens: to cut one's wrists. Not as the last desperate gesture of some insurmountable crisis, but just like that. Every now and then. In order to *feel* something. One needs to feel that one is alive. To make oneself feel something. *She is into cutting her wrists. Last month she was into being poor. Next month she will be into existing.*

The gesture, cut off from all meaning, reduced to the mechanics of all preexisting gestures, the gesture not as *being*, but as *being* cool.

Can one imagine today a redemption of the gesture? A gesture accomplished *once and for all*? One could try to imagine a revolt of the gesture, an instant when millions of men and women from everywhere, through a single sacrificial gesture, will all cut their wrists, and their blood will spurt out in a thousand points like a warm geyser or an animal squirt, and will erase once and for all the horror of a time when humans cannot *be*.

But such gestures exist only in myths.

Ombres de désir

Tous les visages possibles de l'être abandonné au plaisir ont été empreints sur l'écran. Tous les visages de l'être qui regarde le plaisir dans les yeux de l'autre, aussi. Tous les gestes du corps qui désire. Tous ses soupirs. Ses secrets.

Peut-on encore faire l'amour sans être autre chose qu'une copie imparfaite de cet acte mille fois représenté sous toutes les formes possibles ? Chaque fois qu'un geste nous est pris et re-doublé dans la mécanique répétitive de sa non-existence, il n'est plus à nous. Nous ne sommes plus que des ombres en quête de quelque chose *à nous*. À nous seuls. Mais notre quête est vaine, et de l'écran, les ombres des ombres que nous sommes devenus, nous regardent, masquant le visage du réel invisible.

Shadows of desire

All the imaginable faces of the being abandoned to pleasure have been flashed on the screen. All the faces of the being that watches pleasure in another's eyes. All the gestures of the desiring body. All its sighs. Its secrets.

Can one still make love without being merely the imperfect copy of this act represented thousands of times in all its possible forms? Each time a gesture is taken from us and doubled through the repetitive mechanics of its nonexistence, it's no longer ours. We are no more than shadows searching for something that is *ours*. Only ours. But our quest is in vain, and from the screen, the shadows of the shadows we have become are watching us, masking the face of the invisible real.

Moi

Quand je regarde ces photos de vieux paysans des Balkans au regard dur et sombre, fourrures jetées sur l'épaule, visage hâlé, creusé de rides, démarche droite et comme enveloppée dans la fumée du passé qui s'envole, je m'exclame comme la touriste que je suis devenue : "Quels visages! Et quels beaux manteaux!" Autant dire : *exotiques*. Et des abîmes du passé qui revient, les visages de mes grands-parents remontent, bruns et secs, pareils à l'écorce sans voix, et je sais qu'ils sont toujours là, en moi, mais comme en retrait, lointains, invraisemblables.

Qui est *moi* ?

I

When I look at these photos of old Balkan peasants with their somber, tough gaze, furs thrown on their shoulders, tanned faces furrowed by wrinkles, straight bodies, as if wrapped in the smoke of time going by, I find myself letting out a cry of surprise, like the tourist I have become: "What faces! And what beautiful coats!" Like saying: *exotic.* And from the depths of the neverending past, my grandparents' faces resurface, brown and sharp-featured, like mute tree bark, and I know they are still there, inside me, but ever receding, unreal, untouchable.

Who is *I*?

Le double de mon double

J'ai, comme tout le monde, un double. Il se promène par les rues, les mains dans les poches, grimaçant aux passants, et quand je m'arrête pour parler à quelqu'un, pour dire bonjour et échanger de petits sourires, il se hisse derrière moi, le visage tendu par la laideur, et se jette au cou de mon interlocuteur, y laissant ses crocs. Puis, il se lèche les babines et le sang s'écoule goutte à goutte dans ses songes.

Mon double est ma négation. Il fait ce que je ne fais pas. Il vit pour moi.

Et si mon double avait son double aussi ? Est-ce que son double serait alors moi ? Je ne le sais, mais je sais que *moi* n'est que l'ombre douteuse et invraisemblable de mon double.

My double's double

Like everyone else, I have a double. It wanders the streets, hands in its pockets, making faces at passersby, and when I stop to talk to someone, to say hello and exchange little smiles, it turns up behind me, face hideously contorted, and throws itself at my interlocutor's throat, sinking its fangs in. Then it licks its chops and the blood trickles drop by drop into its dreams.

My double is my negation. It does what I don't do. It lives for me.

And if my double had its double too? Would its double be me then? I don't know, but I know that *I* is but the doubtful and unlikely shadow of my double.

Mes voisins

Du matin au soir et du jour au jour, nous traînons après nous un immense rocher qui nous encercle les pieds, et dans le ventre un vide s'agrippe à nos entrailles. Je regarde mes voisins. Elle, le visage tendu par les nombreuses chirurgies esthétiques, la peau translucide à cause du sérum, la bouche ouverte dans la grimace permanente d'un sourire avorté, toute la tête figée comme si elle s'efforçait d'empêcher ses traits de s'effondrer dans le vide du visage. Lui, d'un antidépresseur à l'autre. Il les connaît tous par coeur, avec leurs effets secondaires et leur mode d'emploi. Les enfants, médicamentés aussi. *Attention deficit disorder.* Un verre de vin à la main, je les regarde le soir, derrière la clôture de la maison, contente que je ne sois pas l'être le plus malheureux sur terre. Plus ils sont malheureux, moins je me sens seule. Mais sont-ils malheureux ? Peuvent-ils sentir leur malheur, d'un écran à l'autre et entre deux coups de téléphone, occupés comme ils sont à ne rien sentir ?

J'ouvre une deuxième bouteille de vin. Seule avec mon malheur. Lui du moins est à moi. Mais eux, ont-ils quelque chose à eux ? Ont-ils été abandonnés même par leur malheur ?

My neighbors

From dawn to dark, day after day, we drag an enormous rock tied to our feet, and emptiness eats at our bellies. I look at my neighbors. She, her face stretched by the many plastic surgeries, her skin translucent because of the serum, her mouth stuck in the permanent grin of an aborted smile, her whole head stiff as if desperately trying to stop her features from collapsing into the face's vacancy. He, from one antidepressant to another. He knows them all by heart, their side effects and proper dosages. The children, also medicated. Attention deficit disorder. A glass of wine in my hand, I watch them at night, across the fence, satisfied that I am not the unhappiest being on earth. The more they are unhappy, the less I feel alone. But are they unhappy? Can they feel their unhappiness, from one screen to another and in-between phone calls, busy as they are not feeling anything?

I open a second bottle of wine. Alone with my unhappiness. It, at least, is mine. But they, do they have anything of their own? Have they been abandoned even by their unhappiness?

Corps de verre

Imaginez un corps de verre, vide à l'intérieur, d'une transparence bleutée. Ensuite imaginez beaucoup de corps de verre qui remplissent les rues d'une ville, n'importe quelle ville, des promeneurs hautains et impénétrables sur lesquels le soleil tape en plein, et qui resplendissent d'une clarté d'albâtre. Je les regarde, glacée par leur indifférence. Je sais que l'un d'eux est mon corps. Mais lequel ? Si du moins y avait-il un signe, quelque chose qui puisse m'aider. Mais non, ils marchent à mes côtés, absents, remplissant l'espace de leur géométrie solaire.

Plus tard, la cité éteint ses lumières. Les promeneurs se retirent derrière les portes de leurs maisons. Moi seule, je reste dehors, essayant de deviner derrière quelle porte se trouve mon corps, incapable de bouger. Si du moins quelque chose ou quelqu'un pouvait m'aider. Mais non, je sais que je dois deviner toute seule.

Plus tard encore, une sorte de rumeur cristalline vient de la ville, comme si tous les corps de verre s'étaient mis à ronronner ensemble. Ils célèbrent Minuit. "L'heure d'ardoise, d'ardoise lavée, d'ardoise lavée..." Et je ne sais toujours pas lequel est le mien. Ils semblent dire quelque chose. Étrange, mon corps peut dire des choses sans moi.

Quelque part derrière une porte dans une ville il y a un corps qui est le mien. Mais je ne saurai jamais lequel.

Glass body

Imagine a glass body, empty on the inside, of a bluish translucency. Then imagine many glass bodies filling a city's streets, any city, arrogant impenetrable passersby shining with an alabaster splendor in the streaming sunlight. I look at them, frozen by their indifference. I know one of them is my body. But which one? If at least there were a sign, something to help me. But no, they walk alongside me, absent, filling the space with their solar geometry.

Later, the city turns off its lights. The passersby withdraw behind the doors of their homes. I alone remain outside, unable to move, trying to guess behind which door my body resides. If at least something or someone could help me. But no, I know I have to guess for myself.

Later still, a crystal-like murmuring rises from the city, as if all the glass bodies had started humming together. They celebrate Midnight. "The hour of slate, of washed slate, of washed slate…" And still I don't know which one is mine. They seem to be saying something. Strange, my body can say things without me.

Somewhere behind a door in a city there is a body that is mine. But I will never know which one.

Pétrification

Sur un rocher gris, mon ombre traîne endormie. Enfuies depuis longtemps, très longtemps, les dents claquent dans une bouche noire, ouverte à la nuit qui y coule à flots, comme du thé noir. Les dents n'appartiennent à personne. Elles claquent pénétrées de la douleur d'une perte dont on n'a plus le souvenir. Dans mes veines, l'oubli creuse et s'enfonce. Il a le visage d'anthracite du sommeil qui vient d'au-delà du temps, et lorsque les lèvres disent "sommeil," l'arrière-goût amer de quelque chose de presque oublié perdure un instant aux bords de la mémoire et aux coins des lèvres. Les lèvres n'appartiennent à personne. Le rocher palpite comme un coeur extirpé du corps, et des larmes s'écoulent sur la pierre attristée. De l'arbre à gauche de la pierre, un essaim d'abeilles jaillit en l'air, fleurant le miel et laissant une trace de douceur dorée ; de l'arbre à droite de la pierre, des oiseaux s'envolent, laissant une trace bleue, qui s'assombrit comme une paupière close enfermant le souvenir d'une blessure. Dans la hauteur, à perte de vue, les abeilles et les oiseaux se rencontrent, et de leur rencontre, des oibeilles tombent sur terre, et le miel s'écoule des feuilles, et dans mes veines le sommeil est un voleur aux paupières closes qui se fraie le chemin allant à rebours, toujours en arrière vers la bouche noire de l'éternité.

Sur le rocher gris, mon ombre lèche la pierre que mon corps est devenu.

Petrification

Asleep on a gray rock, my shadow lingers. Long, very long since gone, teeth chatter in a dark mouth, open to the night, which flows into it in waves of black tea. The teeth don't belong to anyone. They chatter painfully like one who has lost something he cannot remember. In my veins oblivion burrows deeper and deeper. It has the anthracite face of sleep coming from beyond time, and when the lips say "sleep," the bitter aftertaste of something almost forgotten pauses an instant at the edge of memory and at the mouth's corners. The mouth belongs to no one. The rock throbs like a heart torn from its body, and tears flow on the saddened stone. From the tree at the left of the stone a swarm of bees soars into the air, smelling of honey and leaving behind a trace of golden sweetness; from the tree at the right of the stone birds take off, leaving behind a blue trace, which darkens like an eyelid closed over the memory of a wound. Far in the heights, just visible, the bees and birds meet, and out of their encounter beebirds drop to the ground, and honey drips from the leaves, and in my veins sleep is a thief with closed eyelids groping its way backward, always backward toward the dark mouth of eternity.

On the gray rock my shadow licks the stone my body has become.

Cernes

Qui murmure dans les alcôves de tristesse ? Ce sont mes cernes qui s'ajoutent aux choses, complices de leur grisaille intérieure. Suspendues aux branches des arbres, des horloges violettes donnent la mesure du temps. Dans les clepsydres pétrifiées le temps a cessé de passer. Cette détresse d'au-delà du temps, sera-t-elle recueillie un jour par d'autres yeux, un autre corps, une même âme ? Ces cernes, maintenant les miens, seront-ils un jour sur cet autre visage, telle la tache violette d'une surface mutilée qui cache le flot continu d'une existence à une autre ?

Dark circles

Who is murmuring in the alcoves of sadness? It is my eyes' dark circles complementing things, accomplices of their inner grayness. Hanging from branches in the trees, violet clocks are measuring time. In the petrified hourglasses time has stopped passing. This desolation from beyond time, will it one day be collected by other eyes, another body, a same soul? These dark circles, now mine, will they one day be on this other face, like the violet stain on the mutilated surface hiding the ceaseless flow of one existence into another?

Chez elle

Il y avait une fois une jeune femme qui, pour aller chez elle, devait descendre un long escalier en colimaçon aux marches de marbre noire, si étroit que pour y descendre le corps était obligé de s'y tenir de biais, et sur les parois d'infinis yeux aux cils allongés tremblaient comme des papillons atteints par la fraîcheur de la nuit, laissant s'écouler parmi eux de grosses larmes resplendissant de clarté.

En bas de l'escalier, l'espace s'ouvrait sur une cave noire et moisie, avec au milieu trois vieilles femmes tout de noir vêtues, chacune tenant entre les dents des clés. C'étaient les Mères de la Terre.

Quand la femme arrivait près d'elles, elles la regardaient avec dédain, hochant la tête pour qu'elle puisse entendre le son cristallin de la proie qu'elle ne pouvait avoir. Puis elles disaient :

—Tu ne seras jamais chez toi. Jamais.

Et sur ce, elles avalaient les clés d'un trait, qui tombaient au fond de leur vide épanoui. Puis elles enlevaient les vêtements de la jeune femme et lui épluchaient la peau comme si celle-ci était une pellicule et la jetaient dans le noir.

—Regarde, disaient-elles, même ta peau n'est pas à toi.

Ensuite elles se mettaient à lui boire le sang et à la fin, grosses et repues, la laissaient en paix. La jeune femme, indécise un instant, ne savait que faire ni où partir. Elle recollait quelques morceaux de sa peau et s'apprêtait à partir, mais au dernier instant, enlevait son coeur et le jetait aux vieilles sorcières devenues maintenant des chiennes enragées.

Chaque fois qu'elle allait chez elle, la scène se répétait. Encore et encore.

Her home

There once was a young woman who, in order to get home, had to go down a long spiral staircase with black marble stairs, so narrow that, to do it, she was forced to stand sideways, while on the walls infinite eyes with long lashes trembled like butterflies touched by night's chill, letting heavy tears beaming with light stream down between them.

At the foot of the stairs, the space opened onto a dark, damp cave, with three old women in the center, all dressed in black, each holding keys between her teeth. They were the Mothers of the Earth.

When the woman reached them, they looked at her spitefully, shaking their heads so she could hear the crystal-like sound of the keys she couldn't have. They said:

"You'll never be at home. Never."

Then they swallowed the keys in a single gulp, and the keys could be heard falling into the depths of their blossoming emptiness. They stripped off the young woman's clothes and peeled her skin off like a film and threw it into the darkness.

"Look," they said, "even your skin isn't yours."

Then they began to drink her blood and finally, satiated, left her in peace. The young woman, undecided for an instant, didn't know what to do or where to go. She glued back some pieces of her skin and got ready to leave, but at the last moment pulled her heart out and threw it at the old witches, now turned into barking bitches.

Each time she went home, the same thing happened. Again and again.

Ma langue

Ma langue gît ensevelie au centre de la terre. Quand la nuit vient, les rêves ouvrent les portes du temps et les noirs corbeaux aux ailes bruissantes s'envolent faisant place à un long sommeil de plomb. Les gardiennes de la langue, des momies muettes drapées de linceuls, voguent dans les quatre points cardinaux, visages raides, lèvres couleur de pourpre, yeux peints en bleu. À l'aube, elles se retirent dans les recoins de la mémoire.

Ma langue ne m'appartient pas. Tout ce qui m'appartient est une longue absence fleurie aux bords de laquelle poussent des rosiers qui descendent le long de mes jambes, s'entrelacent et couvrent mon corps comme un tombeau. Ma langue puise dans l'absence ses mots de brume, morts comme moi, pour les tenir un instant au-dessus du tombeau, ensuite les laisse tomber comme des pétales de rose.

My language

My language lies buried in the center of the earth. When night comes, dreams open time's gates and the black ravens with rustling wings take off, leaving behind a long, leaden sleep. Language's guardians, mute mummies draped in shrouds, float at the four cardinal points, their faces stiff, lips crimson, eyes painted blue. At dawn, they sink back into memory's cracks.

My language doesn't belong to me. All that belongs to me is a long, flowery absence at whose edges roses are growing alongside my legs, encircling them, climbing and covering my body like a tomb. Deep in the absence, my language unearths its words of fog, dead like me, and holds them for an instant above the tomb, then lets them fall like petals.

Chez elle (II)

Elle pensa à la maison en bois aux planches peintes jaune tendre, au petit jardin de derrière la maison où des tomates luisantes se hissaient, rouges, parmi des branches entortillées, aux appels des lions de mer que le vent emportait avec l'odeur salée de l'océan, aux loques de brume lacérées qui ne se dispersaient que lorsque le soleil était au zénith. *Sa* maison. Elle pensa à son corps à l'intérieur et à l'extérieur de cette maison comme à un fantôme étranger se mouvant en un espace de rêve. Était-ce parce que son âme était ailleurs ? Non, elle n'avait pas d'âme. Alors pourquoi ce sentiment d'étrangeté, comme si toutes les choses étaient en train de se retirer derrière un voile de fumée, et cette certitude douloureuse que si elle allait les toucher, elles disparaîtraient en un univers auquel elle n'avait pas accès ? Elle pensa au jeu ridicule avec les mots qu'elle pratiquait de temps en temps, avec une langue qui n'était pas la sienne pour sauvegarder un corps qui n'était pas le sien. Elle essaya d'imaginer qu'elle était réelle. Et elle s'enfonça encore plus dans le vertige du nulle part.

Her home (II)

She thought of the wooden house with pale yellow boards, of the little garden behind the house where shiny tomatoes showed their red skin among twisted vines, of the sea lions' calls carried by the wind together with the salty smell of the ocean, of the shredded strips of fog that cleared only when the sun was at its peak. *Her* home. She thought of her body inside and outside this house, like an uncanny phantom moving in a dreamy space. Was it because her soul was somewhere else? No, she didn't have a soul. Then why this feeling of strangeness, as if all things were receding behind a veil of smoke, and this painful certainty that if she tried to touch them, they would disappear in a universe beyond her reach? She thought of the ridiculous game with words she practiced now and then, in a language that wasn't hers to save a body that wasn't hers. She tried to imagine she was real. And she sank even deeper into the spiral of nowhere.

La mère

Les poches regorgeant de cailloux, la mère surveillait son domaine. Elle avait le regard impitoyable et sa queue de crocodile témoignait de son intransigeance animale. La graisse sursautait sur son corps comme de petites vagues cachant l'âme de la mer.

La mère avait un garçon et une fille. Le garçon—oh, quelle petite merveille avec son pénis mignon et sa douce violence à peine cachée dans ses yeux de velours noirs! Et la fille ? Était-elle l'enfant orphelin des légendes, l'enfant à la marâtre noire, qui quitte la maison paternelle (paternelle ?) et s'en va par le monde, en guenilles, accablé d'injures ? Sera-t-elle l'enfant disparu sans trace ou l'enfant qui revient comblé de gloire ? Sera-t-elle jamais autre chose qu'un enfant, le corps de lumière d'un enfant entrevu en rêve entre nuit et jour ?

The mother

Her pockets overflowing with pebbles, the mother surveyed her domain. She had a pitiless gaze and her crocodile tail was proof of her animal intransigence. Grease trembled in ripples on her body like little waves hiding the sea's soul.

The mother had a son and a daughter. The son—oh, what a little marvel with his cute penis and the sweet violence barely hidden in his black velvety eyes! And the daughter? Was she the legendary orphan, child of a dark-souled stepmother, who leaves the father's house and wanders the world in rags, disdained by all? Will she be the child who vanished without a trace or the child who comes back showered with glory? Will she be anything else but a child, a child's body of light glimpsed in dreams between night and day?

La femme qui n'était pas et la voix de sel

Il y avait une fois une femme qui, quoi qu'elle fît, ne pouvait être. Le matin, ses yeux scrutaient un monde vide emporté aux nues par des colombes blanches, un monde où elle n'était pas. Elle voulait montrer qu'elle était, alors elle ouvrait des cahiers et des livres et elle se mettait à tracer des signes, mais à la fin il n'y avait que les cahiers qui étaient là. Autour d'elle, toutes sortes de choses s'empressaient à être : tomates, chaussures, vêtements traînant par terre, même un ordinateur. Mais elle non, elle n'était pas. L'après-midi elle s'asseyait sur une chaise longue et regardait, par la brèche taillée dans le feuillage de kiwi, les vagues écumeuses de l'océan, en écoutant les sons tels des voix lointaines qui se brisaient sur la grève rocheuse. Lions de mer ou sirènes ? Ses yeux se voilaient en sympathie avec l'océan de brume bleue. Et elle tâchait encore une fois de montrer qu'elle était et ouvrait la bouche pour parler, mais les mots s'arrêtaient dans sa gorge, emmurés. Et de sa bouche commençaient à couler des grains de sel qui s'empilaient tout autour de son corps. Et le tas montait et montait, il couvrait ses hanches, son ventre, ses seins, sa bouche, ses yeux. À la fin, il ne resta d'elle qu'une forme qui lui ressemblait vaguement, toute en sel.

The woman who wasn't and the voice of salt

Once there was a woman who, whatever she did, could not be. In the mornings she opened her eyes on an empty world carried into the sky by white doves, a world where she wasn't. She wanted to show that she was, so she opened notebooks and books and she began to trace signs, but in the end only the notebooks were there. Around, all kinds of things busied themselves with being: tomatoes, shoes, clothes lying around, even a computer. But she, no, she wasn't. In the afternoons she sat on a deck chair and watched through the climbing kiwi vines the foamy waves of the ocean, listening to the sounds like faraway voices breaking on the rocks. Sea lions or sirens? Her eyes moistened in sympathy with the ocean of blue mist. And she tried once more to show that she was and opened her mouth to talk, but the words stopped in her throat, walled up. And out of her mouth grains of salt began flowing, piling up all around her body. And the pile grew higher and higher—it covered her hips, her belly, her breasts, her mouth, her eyes. In the end, only a shape vaguely resembling her was left, all salt.

L'anti-Golem

Prenez d'abord une poignée de poussière et cendres et, en disant le nom d'anti-Dieu, c'est-à-dire de Satan, soufflez dessus. Vous verrez qu'un homme paraîtra, son image opposée à celle de Satan, un homme fait donc à l'image de Dieu. Sur son front sera inscrit le mot qui signifie "anti-Vérité," c'est-à-dire "Mensonge." Alors effacez la première lettre du mot et dès que les lettres "en songe" auront paru, l'homme sombrera dans un profond sommeil de plomb qui durera cent ans, jusqu'à ce que la Belle au Bois dormant arrive et qu'elle dépose un baiser sur sa bouche. Alors l'homme s'éveillera et il verra la Belle au Bois dormant, entre temps devenue la Belle au Bois éveillé, et la nature entière s'éveillera, et des feuilles s'égoutteront les dernières traces de sommeil, et le sommeil s'effacera en cendres et poussière, et l'homme sera Dieu. Et sur son front sera écrit "Mensonge."

The anti-Golem

Start by taking a handful of dust and ashes and, saying the name of the anti-God, that is, of Satan, blow upon it. You will see a man emerging, made against Satan's image, that is to say, in God's image. On his forehead will be written the word that means "Un-Truth," that is, "Lie." Erase the first and last letters of the word and you will obtain "I," and the man will come to life; then write the word "not" before "I," and the man will fall into a leaden sleep that will last a hundred years, until Sleeping Beauty arrives and kisses his lips. Then the man will wake up and see Sleeping Beauty, who has meanwhile become Waking Beauty, and all of nature will awaken, and the leaves will shake off their last traces of sleep, and sleep will wither into dust and ashes, and man will be God. And on his forehead it will be written "Lie."

La cruche cassée

L'adorée est passée par les bois aujourd'hui. Très pâle, la chevelure longue jusqu'aux pieds, une robe de gaze transparente enveloppant son corps qui disparaît parmi les arbres. Est-elle la fille de la Mère-des-Bois des contes de l'enfance, de la femme-forêt aux doigts longs et noueux, yeux veinés de rouge, laide comme seule la Mère-des-Bois peut l'être ? Mais non, elle est jeune et belle. Alors pourquoi lorsqu'elle rit, son rire se déchire en des sons aigus, moqueurs comme le rire des fous ? Est-elle folle ?

Sur le sentier qui porte encore la trace de ses pas, les nains avancent, une cruche d'eau sur l'épaule droite. Leurs barbes longues et blanches rayonnent sous le soleil, et ils marchent comme s'ils entendaient un rythme de danse. L'un d'eux trébuche et l'eau de la cruche cassée se répand par terre, gargouillant. Et tout d'un coup, l'adorée est là, les yeux hagards, et elle gémit comme si c'était elle que la terre happait par tous ses pores. Les nains se mettent à danser en rond, marmonnant des choses d'eux seuls comprises. Au centre, l'adorée gît par terre, couverte de ses cheveux, et elle pousse un gémissement qui secoue la forêt d'un bout à l'autre, et les nains versent leurs cruches sur elle, et ils tournent en rond, alors qu'elle s'enfuit, hurlant toujours.

Lorsque le rituel est accompli, les nains disparaissent et la Mère-des-Bois est de nouveau maîtresse des lieux. Mais de temps à autre on peut entendre le rire de la jeune fille, déchirant, inhumain, cassé comme une cruche. Est-elle folle ? Est-elle moi ?

The shattered jug

The adored one passed through the woods today. Very pale, with hair down to her feet, a robe of clear gauze wrapping her body as it disappears among the trees. Is she the Mother-of-the-Woods' daughter from childhood tales, the forest-woman with long gnarled fingers and veiny eyes, ugly as only the Mother-of-the Woods can be? But no, she is young and beautiful. Then why, when she laughs, does her laughter break into shrieks, biting as fools' laughter? Is she mad?

On the path where her footprints can still be seen, the dwarves move forward, water jugs on their right shoulders. Their long white beards shine in the sunlight, and they walk as if hearing a dance rhythm. One of them stumbles and water spills on the ground, gurgling. Suddenly, the adored one is there, her eyes wild, moaning as if it were her the earth was swallowing through its pores. The dwarves begin dancing in a circle, muttering things only they understand. In the center, the adored one lies on the ground, covered by her hair, and she lets out a groan that shakes the forest from one end to the other, and the dwarves pour out their jugs on her, and they turn in circles as she runs away, still crying.

When the ritual is over, the dwarves disappear and the Mother-of-the-Woods is again mistress of the place. But now and again, one can hear the young girl's agonizing, inhuman laughter, shattered like a jug. Is she mad? Is she me?

Lumière

En Europe, la lumière est aussi triste et affaiblie que le vieux continent. Mais ici, à l'autre bout du monde, au bord de l'océan, elle semble presque matérielle, se renouvelant sans cesse du ciel d'un émail sans faille. Au-dessous de la ligne qui sépare ciel et océan, les vagues sont d'un bleu-gris irisé, et il est impossible de les regarder sans se sentir blessé par leur clarté aveuglante. Les vagues de lumière se propagent par-dessus les troncs d'arbres, et arrivent mouillées de tendresse maternelle sur la terrasse de bois. Là-bas, leurs rayons tels des tresses défaites traînent sur la surface des choses, et le bois reçoit leur chaleur, et il s'en gorge, et la lumière passe dans les fibres des planches, et le silence qu'elle y creuse s'agrandit et s'agrandit.

Light

In Europe, light is as sad and weak as the old continent. But here, at the other end of the world, by the ocean, it seems almost material, ceaselessly renewing itself out of a sky of immaculate enamel. Under the line separating sky and ocean, the waves are an iridescent blue-gray, and it is impossible to watch them without being wounded by their blinding clarity. The lightwaves stream through the trees, and arrive soaked in maternal tenderness on the wooden terrace. There, their rays like spread braids linger on the surface of things, and the wood seizes their heat, and gorges on it, and light suffuses the boards' grain, burrowing deeper and deeper into silence.

Océan

Devant, des touffes de verdure, un bout de terre grise—la plage—et l'océan. Rappelle-toi tous les rêves exotiques des océans et des mers impossibles à atteindre lors d'une vie tout aussi impossible à imaginer maintenant, une vie qui fut la tienne et qui appartient aujourd'hui à un passé qui n'est à personne. Rappelle-toi et réjouis-toi de cette merveille. Lumière brisée en vagues bleu de mer mêlé à vert océan. Écoulement de bleu de blanc liséré profondeur noire au visage d'enfant. Clarté ruisselant dans la nuit des songes. L'insondable paix qui murmure au fond de tout ce qui est rythmé : vagues, pluie, trains.

Ocean

In front, some green bushes, a patch of gray land—the beach—and the ocean. Remember all the exotic dreams of seas and oceans impossible to reach during a life equally impossible to imagine now, a life that was yours and that now belongs to no one's past. Remember and rejoice in this marvel. Light broken in waves, blue sea mixed with green ocean. Blue flow tinged with white, black depth with a child's face. Brightness streaming in the night of dreams. Bottomless peace murmuring in the depths of all things rhymed: waves, rain, trains.

Après la fête

En entrant dans la salle aux portes grandes ouvertes, nos pas laissent des traces profondes dans le tapis. Nous le regardons de près et voyons qu'il est tout en neige. Dans la salle, la table est dressée, des musiciens à côté, en costume noir et cravate. Sur la table, des fleurs et du vin. Tout d'un coup, les invités sont là, et le bruit qu'ils font a l'air d'un ruissellement continu, comme une couverture parlante dont on aurait tapissé les murs. Sur leurs têtes tombent des flocons étoilés, pareils à ceux des livres d'enfants. Ils bavardent, mangent et boivent toute la nuit durant, et à l'aube, aux coins de leurs lèvres, perle l'hérésie matinale d'un ressassement de trop de mots. Puis les musiciens s'en vont, et bientôt, les invités aussi. Dans le silence qui gagne la salle, la viande saignante, le vin rouge, les oeillets et le melon répandent des taches indélébiles sur la nappe blanche. La femme de ménage arrive, le pas lourd et les sabots noirs, grossiers, sur le tapis de neige. Elle porte un gros sac de lin marron dans lequel elle jette au hasard tous les restes de la table, les tessons des verres en cristal, des assiettes en porcelaine, des restes alimentaires grouillant comme des vers, et à la fin, le silence. Puis elle ligote bien le sac et s'en va. La salle, orpheline de silence, reste un moment suspendue dans l'incertitude, ensuite ses murs s'écroulent avec un bruit de neige blessée à vif.

After the feast

As we enter the room with its doors wide open, our steps leave deep tracks in the carpet. We look at it closely and see it is made of snow. In the room, the table is set, with musicians on the side, dressed in black suits and ties. On the table, flowers and wine. Suddenly the guests are here, and the noise they make seems a ceaseless stream, like a speaking blanket covering the walls. On their heads star-shaped snowflakes are falling, similar to those from children's books. They chat, eat and drink all night long, and at dawn, at the corners of their mouths, gleams the early morning heresy of too many ruminated words. Then the musicians leave, and soon, the guests too. In the silence that takes over the room, the bloody meat, the red wine, the carnations and the melon spread indelible stains on the white tablecloth. The cleaning woman arrives, with her heavy steps and black, coarse shoes on the snow carpet. She carries a big brown canvas bag in which she throws at random all that is left, the shards of the crystal glasses, porcelain plates, leftovers swarming like worms, and finally, the silence. Then she ties up the bag and leaves. The room, orphaned of silence, remains for a moment hanging in uncertainty, then its walls collapse with a noise of snow wounded at its core.

Miroir

Au-dessus de la falaise, des pélicans blancs tracent de larges cercles lisses, avec une grâce qui tient à la fois d'une créature primitive et d'une machine en un équilibre parfait. Au pied de la falaise, l'eau coule doucement, recueillant le soleil liquide dans les plis des ondes. Quelqu'un regarde. L'eau miroitante n'est que l'image agrandie de l'oeil vitreux qui essaie de se saisir dehors, dans la profondeur abyssale de l'eau étrangère à elle-même.

Mirror

Above the cliff, white pelicans trace large smooth circles, with a grace both of a primitive creature and of a machine in perfect equilibrium. At the foot of the cliff, the water runs peacefully, catching the liquid sun in the ripplings of its waves. Someone watches. The shimmering water is but the enlarged image of the glassy eye trying to seize itself outside, in the bottomless depth of the water—a stranger to itself.

Noces (après la fête)

Les apothicaires des voluptés versent des potions enchantées dans les verres circoncis, laissés dehors, sur la table. Les invités sont partis. À un coin de la table, l'épouse gît endormie, la bouche entrouverte, un fil de salive s'apprêtant à tomber dans le décolleté ravagé, portant encore l'empreinte des mains de l'époux qui, quelques heures auparavant avait essayé de trouver ce que Balzac a une fois appelé "les deux colombes blanches."

Quelqu'un cherche l'époux, mais il est introuvable. Seuls les mégots jetés par terre et les restes de vomissure savent qu'il est lové sous la table, braguette ouverte, nez saignant, oeil oublieux. Il rêve d'une grande étendue d'eau, et, inspiré, décharge sa vessie, pataugeant bientôt en une flaque d'urine puante. De son côté, l'épouse gémit en rêve et ouvre ses jambes, mais non pour l'époux. Pour le vent.

Wedding (after the feast)

The apothecaries of voluptuousness pour enchanted potions into the circumcised glasses left outside, on the table. The guests are gone. At a corner of the table, the bride lies asleep with her mouth open, a string of saliva dribbling into her ravaged cleavage, still feeling the touch of the groom's hands, who several hours before had tried to find what Balzac once called "the two white doves."

Someone is looking for the groom, but he is nowhere to be found. Only the cigarette butts thrown on the ground and the vomit know that he is coiled under the table, with his fly unzipped, his nose bleeding, his eyes full of forgetfulness. He dreams of a big flood, and, inspired, unloads his bladder, floundering soon in a puddle of stinking urine. For her part, the bride moans in her dreams and opens her legs, but not for the groom. For the wind.

Matin

Quand la vieille femme touchait de ses doigts bruns et noueux le lourd pis blanc de l'animal qui se tenait si tranquille et qui, avec une sagesse tellement bovine se laissait traire, les yeux d'un gris-humide scrutant l'horizon gris-sec, et que la giclée de lait imitait ce qui aurait pu être un jaillissement pur, mais n'était en fait qu'une pure répétition d'une impure digestion bovine, j'inspirais encore une fois la fraîcheur matinale de l'air laiteux strié de bribes de rêves qui pendaient aux bords des paupières grises, mi-closes, amères de sommeil in-fini. Et je dormais debout.

Morning

When the old woman touched with her brown, knotty fingers the white, heavy udder of the animal, which was standing so quiet and which, with such bovine wisdom, was letting itself be milked, its moist, gray eyes gazing at the dry, gray horizon, and when the squirting milk imitated what could have been a pure springing, but was in fact the pure repetition of an impure bovine digestion, I breathed once again the crisp, milky air of the morning veined with strips of dreams hanging at the edges of gray eyelids, half-closed, bitter with in-finite sleep. And I slept standing.

Voir

Oui, je voyais les crêtes vertes mouillées de vertige solaire au-dessus des abîmes bariolés, les visages grincheux des vieillards accouplés aux hivers glauques et pluvieux, les corps nubiles des lycéens emmurés dans des vestons noirs, leur silence soyeux se faufilant pervers dans des cauchemars préhistoriques, leurs professeurs au nez pédant et hoquets ataviques, aspirant secrètement à être élèves eux-mêmes, les morts, qui n'étaient que des poupées fardées, et qui revenaient de temps en temps à table, non pour manger : pour roter ; l'air, qui n'était que notre dedans le plus profond sorti par nos trous d'en haut et parfois même d'en bas ; et finalement, mon propre visage de terre brune, s'effritant sous le regard impitoyable.

To see

Yes, I saw the green ridges soaked in solar ecstasy above the colorful chasms; the crabbed faces of the elders mated with murky, rainy winters; the nubile bodies of high-school students, walled up inside black suits, their silky silence perversely threading its way into prehistoric nightmares; their teachers with pretentious noses and atavistic hiccups, secretly aspiring to be students themselves; the dead, who were but dolls with rouged faces, and who returned now and then to the table, but not to eat: to belch; the air, which was but our deepest insides coming out through our upper and sometimes lower holes; and finally, my own face of brown clay, crumbling under the steady gaze.

L'émigré

Tant de fois son histoire s'est déroulée sous nos yeux :
dans le lointain la rive qui se dessine à mesure que
le bateau approche, et, émergeant du brouillard qui
s'épluche comme des loques, la Statue, mythe incarné,
utopie faite chair de tant de rêves apprivoisés. Et puis,
le bateau amarré, la misère du corps anonyme et pauvre,
l'émigré qui ouvre les yeux sur le Nouveau Monde
comme un nouveau-né.

Mais cet émigré dont je connais l'histoire, une
jeune fille qui débarqua–pardon, atterrit–à New York un
septembre du début des années quatre-vingt-dix, n'eut
même pas la chance de voir la célèbre statue. Elle ne
la verra que des années plus tard, lorsque l'arrivée de
l'émigré ne sera plus même un point de repère dans un
mythe personnel. Car cet émigré était tellement étourdi
qu'elle avait même oublié de chercher les signes d'un
exotisme féerique qu'elle aurait pu invoquer plus tard
dans la mythologie de sa biographie reconstituée. Ce
que l'émigré a gardé dans sa mémoire d'émigré étaient,
en ordre et selon l'impact émotionnel : 1. Les vitrines
brillantes de l'aéroport de Reykjavik où l'avion s'était
arrêté en route vers New York ; 2. Le *breakfast* bizarre
de JFK, consistant en quelques petites saucisses nappées
d'une sauce douce, nommée, comme la jeune fille allait
l'apprendre plus tard, sirop d'érable ; 3. les nombreuses
queues et points de contrôle que les émigrés devaient
passer sous la surveillance de diverses personnes,
apparemment des civiles, et pourtant, aux yeux des
émigrés, dotées d'une autorité de proportions quasi-
religieuses, car ces personnes parlaient leur langue. Qui

The emigrant

So many times his story has unfolded before our eyes: in the distance, the shore gradually coming into sight, and, surging out of the fog peeling like rags, the Statue, embodied myth, utopia made flesh of so many domesticated dreams. And then, the moored ship, the misery of the anonymous, destitute body, the emigrant who opens his eyes on the New World, like a newborn.

But this emigrant whose story I know, a young girl who set foot ashore—or rather, landed—in New York, one September day, didn't even have the chance to see the famous statue. She will only see it several years later, when the emigrant's arrival will no longer be even a reference point in a personal myth. Because this emigrant was so dazed that she had even forgotten to look for the signs of an exotic landscape, which she could later have invoked in the mythology of her reconstituted biography. What the emigrant had kept in her emigrant memory was, in order, and according to the emotional impact: 1) The glowing windows of the Reykjavik airport, where the plane had stopped on its way to New York; 2) The bizarre breakfast at JFK, made of several little sausages covered in a sweet sauce called, as the young girl would find out later, maple syrup; 3) The numerous lines and checkpoints the emigrants had to pass through under the surveillance of various people, apparently civilians, yet, carrying an authority which, in the emigrants' eyes, assumed religious proportions, for these people spoke their language. Who were they? Where were they leading the emigrants? And beneath all this, a subterranean rumor accompanying the long human cohort, and the vague, unclear feeling of guilt

étaient-elles ?   Où les amenait-on ?   Et derrière tout
ça, comme une rumeur souterraine qui accompagnait la
cohorte humaine qui n'en finissait plus, et le vague, indéfini
sentiment de culpabilité que l'émigré ressent toujours
lorsqu'il doit passer par des portes gardées des deux
côtés par d'impénétrables gardiens.   Le sentiment que
quelqu'un, à tout moment, était en train de les surveiller,
et de leur mettre une note de conduite ; 4. L'arrêt de bus
où, toutes les trois minutes, un haut-parleur avertissait
les passagers d'être vigilants et de ne pas quitter des
yeux leurs bagages, et où les émigrés s'embarquèrent
pour aller prendre un autre avion vers le sud du pays.
Cette image resta dans l'esprit de la jeune fille comme
le symbole de la Grande Ville fourmillant de monde et
de sons, au coeur de laquelle elle se croyait.   Ce n'est
que bien des années plus tard qu'elle comprit que la
scène faisait en fait partie de l'aéroport, qu'elle n'avait
pas quitté un instant.

the emigrant always feels when he has to pass through doors watched on both sides by inscrutable guardians. The feeling that someone, at all times, was watching them and giving them a grade for good behavior; 4) The bus stop where a megaphone warned the passengers every three minutes to be vigilant and not to leave their luggage unattended, and where the emigrants had embarked to take another plane for the south of the country. This image stayed in the young girl's memory as the symbol of the City swarming with people and sounds, in the heart of which she thought she was. It was only many years later that she understood that the scene was part of the airport, which she hadn't left for a second.

Les lépreux

Le train s'arrêta en plein champ, sous l'illimité ciel étoilé. Toutes les vitres étaient glacées et le train entier était plongé dans le noir, sans aucune lumière. Les passagers se serraient dans des couvertures de laine, évitant d'ouvrir la bouche pour ne laisser aucune goutte de vie s'échapper de leurs lèvres. Personne ne posait aucune question. Le souffle chaud qui sortait des bouches faisait de bizarres vapeurs blanchâtres qui tachetaient ça et là le noir. Ils restèrent ainsi environ deux heures, jusqu'à minuit. Si l'on avait pu interroger ceux qui regardèrent leur montre à cet instant-là, on aurait pu apprendre que ce fut à minuit que le murmure chantonné se fit entendre. C'était un mélange de chuchotements qu'on ne pouvait distinguer, sur les tons les plus variés, qui grandissait comme le grondement d'une vague approchant de la rive.

"Les lépreux!" pensa l'un de ceux qui avaient regardé leur montre un instant plus tôt, et le sang s'arrêta dans ses veines.

Dehors, baignés dans les flots laiteux de la lune, on voyait des corps d'hommes et de femmes en guenilles, à peine couverts, chacun d'eux démuni de quelque membre ou partie du corps : une main, une jambe, des doigts, le nez, une oreille, tous édentés, visages grincheux et baveux, certains rampant sur le sol, d'autres s'acheminant à pas rapide, tous chantonnant, tous se dirigeant vers le train.

En moins d'une heure le train fut vidé. Les lépreux avaient traîné les passagers qui s'étaient en vain épanché en pleurs, leur offrant de l'argent, des bijoux et d'autres

The lepers

The train stopped in the middle of the fields, under the open starry sky. All the windows were frozen and the whole train was sunk in darkness, with no lights. The passengers coiled under woolen blankets, avoiding opening their mouths so no drop of life would escape from their lips. No one asked any question. The warm breath coming out of the mouths made strange shapes of white steam, spotting the darkness here and there. They remained like this for about two hours, until midnight. If one could have interrogated those who looked at their watch at that moment, one could have learned that it was at midnight that the hummed murmur could be heard. It was a mixture of whispers impossible to make out, in the most varied tones, growing louder and louder, like the roaring of a wave approaching the shore.

"The lepers!" thought one of those who had looked at his watch a moment ago, and the blood stopped in his veins. Outside, bathed in the milky waves of the moon, there were bodies of men and women in rags, barely covered, each one missing some limb or part of the body: a hand, a leg, fingers, the nose, an ear; all missing their teeth, with crabbed faces and dribbling mouths, some crawling on the ground, others walking with a springy step, all humming, all hurrying toward the train.

In less than an hour, the train was emptied. The lepers had dragged out the passengers who had in vain begged in tears, offering them money, jewelry and other ridiculous objects that had caused the mocking laughter of the lepers, they had dragged them by the hand or by the hair and taken them to the place where no one

objets ridicules qui avaient provoqué le rire moqueur des lépreux, ils les avaient traînés par la main ou par les cheveux et amenés avec eux là d'où personne ne revenait, et le train était maintenant vide, fantomatique. C'est un train qui, dit-on, aurait disparu sans trace dans les montagnes, mais qui apparaissait quand nul ne s'y attendait dans les villages par lesquels il avait naguère passé, et alors les vitres resplendissaient de lumière, et les rires des lépreux concurrençaient le cliquetis des verres et la musique qui se répandait à flots, et l'on reconnaissait même certaines personnes disparues à jamais. Puis le train s'effaçait à nouveau et l'on n'en entendait plus parler pendant des mois ou des années, jusqu'à une nouvelle apparition.

came from, and the train was now empty, phantomlike. It is a train which, they say, disappeared without a trace into the mountains, but which showed up when no one expected it in the villages it had once run through, and then the windows shined with light, and the lepers' laughs competed with the clinking of glasses and the music flowing in waves, and some people supposedly gone forever were spotted and recognized. Then the train would vanish and it wouldn't be heard of again for months and years, until a new apparition.

Un pou

Je sais que je ne suis qu'un pou qui traîne dans les coins et que je gribouille de petites histoires de pou destinées à moisir au fond de l'oeil. Je trotte et je bondis comme un pou idiot, un pou à lunettes. La rouille couvre mes histoires et je dis oui oui oui à chaque coup de pied dans mon dos de pou ahuri. Je trotte, pas si paisible que ça, les cendres s'amassent dans ma gorge et nulle trace d'histoire au fond de mon oeil bleu-clos. Je lèche les bottes et les pots cassés des Maîtres, et je leur demande pardon d'être si petit qu'ils ne peuvent s'empêcher de me marcher dessus, et pas une goutte de sang ne tombe lorsqu'ils le font. Je ne suis qu'un pou sec, dépouillé.

A louse

I know I am but a louse lingering in corners and scrawling little louse stories meant to rot in the depths of the eye. I trot and bounce like an idiot louse, a louse with glasses. Rust covers my stories and I say yes yes yes to every kick in my butt of a stunned louse. I trot, although not routinely, ashes gather in my throat and no trace of a story at the bottom of my blue-closed eye. I lick the Masters' boots and broken pots, and ask for forgiveness for being so little they can't stop crushing me, and not a drop of blood falls when they do it. I am but a lame louse let loose.

Silence

Et je demande pourquoi et le silence me suit comme une chemise tressée de larmes et d'oubli. Je renifle le silence. Je le laisse tomber au fond d'un puits aux mille bras qui se hâtent à l'écarteler éclat de silence par éclat de silence. Chaque bras se termine par une main qui porte l'anneau du soleil. Et le silence, qui pend au poignet, meurtri. Je me bouche les oreilles et regarde le soleil qui s'égoutte de mes doigts. En silence.

Silence

And I ask why and silence follows me like a shirt woven of tears and oblivion. I sniff the silence. I let it fall in the depths of a well with a thousand arms getting ready to tear it apart splinter of silence by splinter of silence. Each arm ends with a hand wearing the sun's ring. And silence, hanging by the wrist, wounded. I plug my ears and watch the sun dripping from my fingers. In silence.

Feu et pluie

Ecouter la pluie qui tombe sur le toit, ses voix comme des cheveux défaits, ses voix liquides, et regarder le feu qui se meurt dans l'âtre, sentir sur les paupières baissées le voile de chaleur émiettée, et ouvrir les yeux pour voir les braises presque éteintes, et entendre le crépitement du bois qui explose en petites étincelles, et sentir la chaleur qui avance par flots somnolents et s'installe dans le blanc de l'oeil, et puis écouter de nouveau écouter la pluie qui n'arrête de tomber au-dessus de nos têtes, et disparaître peu à peu dans la pluie aux doigt fins, allongés, dans le feu aux langues rouge-cuivré.

Rain and fire

To listen to the rain falling on the roof, its voices like loose
hair, its liquid voices, to watch the fire dying in the hearth,
to feel the veil of heat crumbs on the closed eyelids, to
open your eyes on the almost dead embers, and to hear
the crackling wood exploding in small sparks, and to feel
the heat advancing in sleepy waves and settling in the
white of the eye, and then to listen again to listen to the
rain that keeps falling above our heads, and to gradually
disappear in the rain with long, thin fingers, in the fire
with red, coppery tongues.

Le chat, la souris et le Merlot

Dans un panier : des noix, deux oeufs, quelques noisettes, une orange, une oie. L'oie est grillée et son cou se hisse brunâtre à côté du cou rouge d'un Merlot. Un grelot sans finesse ni oreille ponctue le rythme des pas d'un chat gras. Qui s'en va par les champs, clopin-clopant, en quête de quelques restes de ce qui pourrait s'appeler un repas. En contrebas, une souris sans capacité de prévision, les yeux bandés du soleil d'après-midi, sort de son trou et avance, aveugle. Dans la bouche du chat gras au grelot pendant qui, pour finir, arrosera le tout d'un Merlot.

The cat, the mouse and the Merlot

In a basket: some nuts, a cup, duck mousse, an orange juice, a goose. The goose has been grilled and its brownish neck sticks out beside a bottle of Merlot. A small tone-deaf bell marks the rhythm of a fat cat's steps. Who weaves across the field, looking for leftovers of some kind of a meal. Down the hill, a mouse with no foresight, eyes bandaged by the afternoon sunlight, comes out of his hole and advances, blindly. Into the mouth of the fat cat with the bell—who, to finish it off, will wash it down with a sip of Merlot.

Enterrements

Les jours où il n'y avait pas de mariages, on pouvait compter à coup sûr sur un enterrement. Ça commençait toujours avec une musique venue de loin, qui perçait même à travers les vitres, une musique que je n'ai jamais entendue depuis, toujours la même, sobre et cependant vaguement grégaire, peut-être à cause du son du tambour et des trompettes, qui rappelait si bien la fanfare du parc dans les soirées d'été. Au début, à peine audible, ensuite de plus en plus forte, se déversant par les rues où l'on promenait le cadavre, comme on disait, sur son dernier chemin.

Dans une bière qui surmontait une voiture—dans le passé, une voiture tirée par des chevaux, mais ça c'était avant mon temps–, le mort faisait le tour de la ville sous les regards des badauds excités, et parfois imposait même ses derniers souhaits. Si la voiture s'arrêtait brusquement, sans aucune raison apparente, c'est que le mort devait être en colère contre quelqu'un. S'il commençait de pleuvoir, c'est qu'il avait quitté cette vie à contre-coeur.

Une fois le tour de la ville fini, on se rendait au cimetière où, si le mort était un homme—et il l'était presque toujours, va savoir pourquoi!—la veuve et d'autres femmes de son entourage se lançaient en une tirade de gémissements et lamentations et Pourquoi m'as-tu quittée, Untel, et des génuflexions et évanouissements, et quand le mort eut finalement été déposé dans le fossé, c'était la *pomana*, c'est-à-dire le don à la mémoire du mort. Le festin. Et là, c'était le tour aux saucisses et saucissons, à la soupe de poulet aux nouilles, à la choucroute avec de la

Burials

The days when there were no weddings, one could most certainly count on a burial. It always started with a tune coming from far away, which could be heard even through the closed windows, a tune I've never heard since, always the same, somber yet somehow gregarious, maybe because of the sound of the drum and the trumpets, which was so much like the park fanfare on summer evenings. At first, barely a sound, then stronger and stronger, spilling on the streets where the corpse was taken, as they said, for his last stroll.

In a coffin mounted on a car–in the past a carriage drawn by horses, but this was before my time–the deceased toured the city under the eyes of excited onlookers, and at times even imposed his last wishes. If the car stopped suddenly, for no apparent reason, it was because the deceased must have been angry at someone. If it began to rain, he must have left this life with regrets.

Once the tour of the city ended, the crowd went to the cemetery where, if the deceased was a man–and it almost always was, don't ask why!–the widow and other women in his entourage engaged in a series of moanings and lamentations and Why did you leave me, So-and-So, and genuflections and faintings, and when the deceased had finally been set down in the grave, it was the *pomana*, that is, the giving in his memory. The feast. And then, it was time for all kinds of sausages, chicken soup with noodles, sauerkraut with ground meat, polenta and kefta, *eau-de-vie* and homemade wine. And the guests were warming up and someone would say, "Well, may the dead rest with the dead and the living feast with the living,"

viande hachée, à la polenta et aux keftas, à l'eau-de-vie et au vin maison. Et les convives s'échauffaient et quelqu'un disait "Allez, laissons les morts aux morts, et les vivants aux vivants," et tout le monde trinquait. Et puis quelqu'un enlevait son veston, et bientôt tout le monde se mettait à enlever ses habits. Les femmes restaient en soutien-gorge et culottes en coton blanc, leur ventre grassouillet se soulevant au rythme de leur respiration voluptueuse. Les hommes, en short, montraient un poil noir qui leur tapissait le dos à la manière d'un gazon mal entretenu, et leur énorme ventre approchait si dangereusement le sol, en raison de la loi de la gravitation, qu'ils devaient s'asseoir les jambes en l'air pour éviter la rencontre.

Pendant que ceux-ci—femmes et hommes—sirotaient le café, dans la chambre voisine, la veuve, elle aussi en soutien-gorge et culottes blanches, s'attaquait, une paire de ciseaux à la main, au lit conjugal, incisait le matelas et, prise de joie panique, en sortait le contenu qui ne tardait pas à s'élever dans l'air comme de gros flocons incandescents, et à la fin—Voilà! hurla-t-elle—des billets de banque, les économies cachées du mort, s'ajoutèrent, de petites bannières hissées sur le monticule de neige. Et au moment où les invités se précipitaient dans la pièce pour voir le trésor, la veuve poussait un deuxième hurlement, cette fois-ci de douleur, car les billets n'étaient plus valables depuis longtemps, et puis elle s'allongeait sur le matelas crevé, pendant que les invités déçus reprenaient leur sieste et leurs récits sur le mort qui avait toujours aimé jouer de mauvais tours à qui le connaissait.

and everybody raised their glasses in a toast. And then someone would take his coat off, and soon everyone began taking their clothes off. The women stayed in their bras and white cotton underpants, their plump bellies moving up and down in the rhythm of their voluptuous breathing. The men, in shorts, showed the black hair that covered their backs like an unkempt lawn, and their huge bellies came so close to the ground, due to gravity, that they had to sit with their legs in the air to keep from touching it.

While the whole crowd—men and women—sipped coffee, in the adjacent room, the widow, also in bra and white underpants, a pair of scissors in her hand, proceeded to attack the matrimonial bed, cut into the mattress and, with pagan joy, emptied the contents, which soon filled the air with big, incandescent snowflakes, and finally—There they were! she yelled—the bills, the hidden savings of the deceased, emerged, little banners sticking out of the snowdrift. And at the moment when the guests rushed inside to see the treasure, the widow let out a second howl, this time of pain, for the bills had long since expired, and then she lay down on the broken mattress, while the disappointed guests went back to their stories about the deceased, who had always loved to play tricks on those who knew him.

La cuisine d'été

On l'appelait la cuisine d'été parce qu'elle occupait un petit pavillon séparé de la maison, un pavillon en planches de bois blanchies à la chaux, avec de la terre battue à l'intérieur, et parce qu'on ne s'en servait que durant l'été. À l'intérieur il faisait toujours un peu frais, mais une fraîcheur accueillante, dans laquelle le corps s'enveloppait volontiers par les après-midi de canicule. La cuisine était plongée toujours dans une semie-obscurité tachetée çà et là de bribes de lumière qui se faufilaient par les trous des planches, et qui faisaient voir des étagères longeant les murs des trois côtés, et sur les étagères, des pots de terre, d'argile rouge et de bois, de toutes les tailles et rondeurs, respirant la sagesse et la volupté, le calme et la paix. Dans l'un de ces pots il y avait le lait de vache de la traite du matin, qui sentait le foin et le pré, l'intimité animale et quelque chose d'âcre qui venait de la vache elle-même, et que la petite-fille trouvait un peu répugnant. Ceci ne l'empêchait nullement de chercher chaque après-midi ledit pot au lait où une grosse couche de crème s'était édifiée, et de l'écrémer avec soin et ingéniosité quasi-scientifique. Puis elle remettait le couvercle et inspectait les autres pots. Après le pot au lait, c'était le grand bocal de miel qui l'attirait. C'était sa *substance* qui l'intriguait, comme un hybride entre l'or du soleil et le brun de la forêt. Elle goûtait le miel, puis écoutait le silence. Le silence qui coulait dans les pots et les planches de bois, et ensuite revenait des pots et des planches, en cercles concentriques, infinis. Juste une mouche osait quelquefois rompre le silence, mais son petit bruit même en faisait partie.

The summer kitchen

They called it the summer kitchen because it occupied a small shed outside the house, a shed of whitewashed wooden boards with packed earth inside, and because they used it only in the summer. Inside it was always a little cool, but a welcoming coolness, in which the body gladly wrapped itself on hot afternoons. The kitchen was always sunk in a semi-darkness spotted here and there with patches of light that found their way through the holes in the wood, and that unveiled alongside the walls on all three sides shelves with pots of earth, of red clay and wood, pots of all sizes and shapes, breathing wisdom and voluptuousness, calm and peace. In one of these jugs was the milk from the morning milking, smelling like hay and meadows, animal closeness and something sharp coming from the cow itself, and which the granddaughter found a little repulsive. This didn't stop her at all from searching each afternoon for the above mentioned milk jug, in which a thick cream top had formed, and from carefully and skillfully skimming it. Afterwards, she would put back the cover and inspect the other pots. After the milk jug, it was the big honey jar that triggered her attention. It was its *substance* that intrigued her, like a hybrid between the sun's gold and the brown forest. She would taste the honey, then listen to the silence. The silence, flowing into the pots and the wooden boards, and then returning from the pots and boards in concentric, infinite circles. Only a fly dared to break the silence at times, but even its little sound was part of it.

A little later, the old woman came, a big armful of branches and twigs on her head. She lay them on the

Un peu plus tard, venait la vieille femme, une large brassée de branches et brindilles sur la tête. Elle les déposait par terre et entrait dans la cuisine. Là, elle faisait le feu dans le four et mettait les pots à cuire, d'habitude trois ou quatre, une soupe, une ratatouille et, dans le grand chaudron de fonte noire, la polenta.

Le four. Il devait ne pas avoir changé depuis des siècles, lui aussi peint à la chaux, fait à même la terre, tous les angles arrondis, le dos ovale et lisse, l'âtre en bas, et au-dessus, une plaque sur laquelle mijotaient les plats. Sur une petite chaise en bois, la vieille femme attisait le feu avec quelques brindilles et un peu de pétrole, et quand les premières langues de feu eurent paru, elle se mettait à mélanger avec une grosse cuillère en bois le contenu des marmites, qui sifflaient bientôt, et dégageaient des vapeurs et des arômes.

Et la petite-fille s'asseyait à côté, elle aussi sur une petite chaise en bois, et regardait le feu pendant des heures, et écoutait son crépitement et le sifflement des marmites, les joues enflammées de chaleur et de joie contenue. Et le feu ne se lassait de se réfléchir dans ses yeux, y laissant les souvenirs à venir, et dans ses yeux le temps s'arrêtait, et le présent coulait dans le passé, et le passé dans l'avenir, riche de silence et de mots.

ground and entered the kitchen. There, she built the fire in the oven and set the cooking pots, usually three or four, a soup, a stew and, in the Dutch iron caldron, the polenta.

The oven. It must have stayed the same for centuries, it too whitewashed, built directly on the ground, all its corners round, its back smooth and oval, the hearth beneath, and on top, a metal sheet, on which the dishes simmered. On a little wooden chair, the old woman sparked off the fire with several twigs and a little kerosene, and when the first flames appeared, she began stirring the pots' content with a big wooden spoon, and they were soon sizzling and exuding vapors and aromas.

And the granddaughter sat beside her, she too on a little wooden chair, and watched the fire for hours, and listened to its crackling and the pots' sizzling, her cheeks reddened by heat and restrained joy. And the fire kept reflecting in her eyes, filling them with memories to come, and in her eyes time stopped, and the present flowed into the past, and the past into the future, rich with silence and words.

Deuil du pays

J'aime faire le deuil des choses de leur vivant. Ainsi, du temps où j'avais encore un pays, j'ai fait son deuil avant de le quitter. Il y avait encore plusieurs mois jusqu'à mon départ, je rêvais chaque nuit de longs trains gris voguant dans l'inconnu et des bras de mer à l'eau glauque, menaçante.

Une nuit, j'ai décidé de le tuer. Je veux dire lui, le pays. J'ai imaginé un champ immense de blé doré et me suis dit : "regarde-le bien, car c'est la dernière fois. Jamais plus tu ne le reverras." J'ai pleuré toute la nuit. Le matin, le pays était mort, mort à jamais. Seules, des ombres moisies reviennent parfois dans des cauchemars gris. Puis, un autre jour, j'ai enterré un autre pays. Mon deuxième. Les murs s'écroulaient autour de moi et j'étais là, dans le vent et la pluie, et de toit nulle trace. Ces deux pays, je les ai détestés. Le premier, comme on déteste la mère qui ne vous lâche pas. Le deuxième, comme on méprise une ombre qui se croit chair. Puis, j'ai commencé à écrire.

Qu'est-ce qu'un pays ? Une fiction pour les écervelés.

Mourning the country

I like mourning the death of things while they are still alive. Thus, when I still had a country, I grieved over its death before leaving it. Several months remained until my departure, and I dreamed each night of long trains floating into the unknown, and stretches of murky, menacing waters.

One night, I decided to kill *it*. I mean, it, the country. I imagined a huge field with golden wheat and told myself: "Look at it closely, because it's for the last time. Never again will you see it." I cried all night. In the morning, the country was dead, dead forever. Only musty shadows return sometimes in gray nightmares.

Then, another day, I buried another country. My second. The walls were collapsing around me and there I was, in the wind and the rain, and no sign of a roof. I hated these two countries. The first, as one hates the mother who wouldn't let go. The second, as one despises a shadow that takes itself for flesh. Then, I started to write.

What is a country? A fiction for the brainless.

La chambre d'hôtel

Chaque fois nous y arrivons à la tombée de la nuit et nous sortons de la voiture les membres engourdis, et l'air du dehors nous frappe le visage et nous pénètre de sa noirceur humide. Nous n'avons qu'une chose en tête : "la chambre." Mais avant, il faut passer chez le réceptionniste, prendre les clés en plastique, monter avec bagages et tout dans l'ascenseur et, arrivés à l'étage, passer par d'intriqués couloirs à l'air familier, sans doute parce que nous y avons déjà été lors d'un autre voyage ou tout simplement parce qu'ils ressemblent à d'autres couloirs dans d'autres hôtels.

La chambre aussi. Identique à tant d'autres chambres, meublée d'un énorme lit au ferme matelas—sa fermeté est, à vrai dire, directement proportionnelle au prix de la chambre—, deux lampes de chevet, une table avec deux chaises, une télé, un semblant d'armoire dans une niche qui accueille parfois un fer à repasser avec ou sans planche, et bien sûr, la salle de bains. Toujours impeccable, d'une blancheur qui pique les yeux comme un désinfectant à l'hôpital. Je touche les serviettes duveteuses, blanches et propres, vérifie la température et la pression de l'eau, lis les étiquettes des petits savons et des flacons de shampooing. Tout ce qui est strictement nécessaire pour un séjour d'une ou deux nuits est là. J'inspire avec volupté l'air impersonnel de la chambre, son ambiguïté de planète d'ici et de nulle part à la fois, et un contentement sans bornes coule dans mes veines : le contentement du sauvage qui est finalement à l'abri, qui a "un toit."

Dehors, le monde semble se dissoudre dans le noir

The hotel room

We arrive each time at nightfall and we get out of the car, our limbs stiff, and the outside air hits our faces and pierces us with its damp darkness. We have just one thing in mind: the "room." But first, we have to stop at the front desk, take the plastic keys, go up with the luggage in the elevator, and, once at our floor, pass through intricate corridors with a familiar air, surely because we have already been here in the course of another trip or simply because they resemble other corridors in other hotels.

The room also. Identical with so many other rooms, furnished with an enormous bed with a firm mattress—its firmness is, in fact, proportional to the price of the room—two bedside lamps, a table with two chairs, a TV, a sort of wardrobe in a niche that occasionally accommodates an iron with or without an ironing board, and of course, the bathroom. Always impeccable, of a whiteness that stings the eyes like hospital disinfectant. I touch the fluffy, clean, white towels, verify the water pressure and temperature, read the labels of the small soaps and plastic shampoo bottles. Everything strictly necessary for a one- or two-night stay is there. I breathe in voluptuously the room's impersonal air, its ambiguity of a planet from here and nowhere at the same time, and a boundless contentment flows in my veins: the contentment of the savage who is finally sheltered, who has a "roof over his head."

Outside, the world seems to dissolve into the infinite darkness that blurs all contours, while here, inside, the geometrical clarity of what is called civilization triumphs in each button, in each polished curve of furniture. Outside, the monsters of chaos pop their heads into

infini qui brouille tous contours, alors qu'ici, à l'intérieur, la clarté géométrique de ce qu'on appelle civilisation triomphe dans chaque bouton, dans chaque galbe poli de meuble. Dehors, les monstres de l'informe hissent leur tête dans le noir qui se mord les entrailles, pendant que je saisis de toutes mes forces la télécommande et m'accroche au centre de lumière colorée comme à une divinité protectrice. Dehors, des voitures ronronnent, continuant leur dérive insomniaque sur l'infinie autoroute dans le ventre de la nuit.

the darkness biting its own bowels, while, with all my strength, I hold on to the remote control and its center of colored light, as if to a protective divinity. Outside, cars are humming, pursuing their sleepless drift on the infinite highway into night's dark belly.

Les yeux crevés

Je me réveille en pleine nuit, sentant qu'il n'est plus là et je suis la trace de lumière qui mène à la cuisine. Là, je le vois assis, le visage couvert de sang coagulé et noirci, pareil à une couche impossible à nommer, comme du dedans collé au dehors. Il a les yeux crevés, et là où ils étaient avant, il y a maintenant deux trous noirs, bordés de caillots de sang. Dans une main il tient un couteau, dans l'autre, un petit plateau avec un coq au plumage bleuâtre et tout autour, quelque chose qui ressemble à des organes internes ensanglantés. Je sais du premier coup d'oeil que le coq est l'instrument du sacrifice—ses petits yeux de verre glacé me le disent—, je sais que c'est son bec minuscule et sauvage qui a picoré et extirpé les deux yeux—les organes sans forme du plateau seraient-ils les yeux ? Et je commence à trembler et à répéter que ce n'est pas vrai, et je vois le couteau qui se lève et qui frappe les trous vides, et derrière le vide, le regard n'est pas encore mort.

Et lui n'est pas seulement lui, mais quelqu'un d'autre aussi, et moi, également une autre.

Burst eyes

I wake up in the middle of the night feeling that he is no longer there and I follow the trace of light that leads to the kitchen. There, I see him sitting, his face covered in coagulated brownish blood, like a layer impossible to define, like the inside glued to the outside. His eyes have been burst, and in their place there are now two dark holes, surrounded by blood clots. In one hand he is holding a knife, in the other, a little platter with a coq with bluish feathers and all around it, something resembling bloody inner organs. I know at first sight that the coq is the instrument of sacrifice—its little glassy eyes are telling me so—I know it was its tiny savage beak that pecked out the eyes—could the shapeless organs on the platter be the eyes? And I begin to tremble and to repeat that it's not true, and I see the knife rising and stabbing the empty sockets, and behind the holes the gaze is not yet dead.

And he is not only he, but someone else also, and I, someone else too.

Je me dissous

Je me dissous dans les pelures épluchées d'un miroir liquide où mon visage se reflète dans toute sa non-existence. Le vent du dehors a cassé la vitre et le dehors que je suis s'égoutte dans l'encensoir doré d'une transe infinie. Il hurle et se débat avec la force animale d'un simple d'esprit, alors que, sur une balançoire, une pauvre fille idiote—la soeur du vent ?—a avalé sa langue, son nez et ses yeux, et il n'en reste que le cou, sans tête.

I am dissolving

I am dissolving in the peeled layers of a liquid mirror in which my face is reflected in all its nonexistence. The wind has broken the window and the outside I am now is dripping in the golden censer of an infinite trance. It howls and struggles with the animal force of one poor in spirit, while on a swing a poor idiot girl—the wind's sister?—has swallowed her tongue, her nose and her eyes, and all that remains is her neck, without a head.

Absolument pas

Dehors, les troncs d'arbres, les brins d'herbe et des touffes désordonnées poussent en une entente indestructible avec la terre. Je pose les pieds, l'un après l'autre, sur la terre mouillée. J'inspire l'odeur fraîche de l'air, mais l'air me repousse comme un corps étranger, monstrueux, qui viole la terre-mère. Moi, je n'ai pas de mère. Pas de mère. Absolument pas de mère. Les mots s'arrêtent, ahuris, dans ma gorge. Pas de langue. Absolument pas de langue.

Absolutely not

Outside, trees, grass blades and scraggly bushes grow in an indestructible harmony with the earth. I take a step and then another, on the damp earth. I breathe in the fresh air, but the air rejects me like a monstrous, foreign body that violates the mother-earth. I–I have no mother. No mother. Absolutely no mother. The words stop stupefied in my throat. No language. Absolutely no language.

Ombres d'encre

Les ombres d'encre violette prennent place à ma table, une couronne de fer rougi sur leur tête tremblotante. Elles se servent et déchirent la viande rôtie de leurs longs ongles de morts vivants, et leur couronne fond et coule dans les plats royaux. Tant de noblesse mêlée à un si émouvant spectacle digestif m'arrache quelques larmes vite récupérées par la sauce commune. Nous nous regardons, les ombres et moi, avec une méfiance modérée, et nous nous demandons qui d'entre nous existe en réalité. Elles ou moi ?

Ink shadows

Shadows of violet ink are sitting at my table, with crowns of hot iron on their trembling heads. They are helping themselves, tearing apart the roasted meat with their long nails like those of the living dead, and their crowns are melting and spilling into their royal dishes. Such nobility mixed with such a touching digestive spectacle brings to my eyes a few tears soon dissolved in the common sauce. We are watching each other, the shadows and I, with mild suspicion, and are wondering which of us really exists. They or myself?

Le ballon de bronze

"Chien méchant," dit le ballon de bronze qui traîne après lui les objets suivants : un bouquet de fleurs s'éparpillant dans l'air, une guirlande de Noël s'effritant dans le même air, une bûche de Noël mangée par un chien inexistant, une dentelle étendue entre les pieds d'une table de noyer, eux aussi, inexistants, le sourire mielleux d'un prêtre catholique de la campagne française en 1929, la plume trempée dans l'encre sèche de l'encrier posé sur le bureau de Tourgueniev dans sa maison près de Paris, bureau auquel, profitant d'un moment d'inattention de la part du personnel du musée, je me suis brièvement assise, et un tournesol dont je n'ai rien à dire.

Dans le ballon de bronze, le chien se repose dans la position du foetus, attendant sa venue au monde. Quand celle-ci sera arrivée, lesdits objets se retireront dans sa mémoire en un état de confusion terrible, enlevant toute possibilité de distinction entre eux.

The bronze balloon

"Bad dog," says the bronze balloon, which drags the following objects: a flower bouquet scattered in the air, a bit of tinsel crumbling away in the same air, a Christmas cake eaten by a nonexistent dog, a piece of lace stretched between the legs of a walnut table, they, too, nonexistent, the ingratiating smile of a Catholic priest from the French countryside in 1929, the feather dipped into the dry ink of the ink pot placed on Turgenev's desk in his house near Paris, a desk at which, taking advantage of a moment of inattention from the museum staff, I briefly sat, and a sunflower about which I have nothing to say.

In the bronze balloon, the dog rests in the fetal position, waiting to come into the world. When this happens, the above objects will sink into his memory in a state of terrible confusion, cutting off all possible distinction among them.

Boire l'oubli

Essayez d'imaginer votre vie sur l'infinie toile du temps, la fourmi hagarde que vous êtes agenouillée aux Portes de l'Inconnu, non pas pour que ses yeux et ses sens soient ouverts à ce que, dans son infime existence terrestre, elle a la chance de voir une seule fois, mais pour qu'ils soient bouchés, fermés, aveuglés. Ainsi, les yeux bandés et les veines pulsant du liquide douceâtre préparé dans les laboratoires du bonheur obligatoire, nous rampons à même le sol, le sourire éternellement aux lèvres, comme celui du fou au parapluie vert que je croise chaque jour dans la même rue. Ainsi, les yeux bandés, nous avançons vers des tombeaux qui nous attendent avec des ballons colorés et des pancartes "Welcome. Enjoy your ride."

Non, la Mort n'est plus la créature au crâne osseux qui embrasse lubriquement une jeune fille. Et nous ne sommes plus la jeune fille non plus. Jour après jour nous buvons les potions de l'oubli, et quand l'heure vient, nous franchissons le seuil d'une absence à une autre. Ensuite un oubli plus grand se met à ronger l'absence et bientôt c'est tout ce qui reste.

Drinking oblivion

Try to imagine your life on the infinite canvas of time, the distressed ant that you are kneeling before the Gates of the Unknown, not in order for its eyes and senses to be open to what, in its minuscule earthly existence, it has the chance of seeing only once, but in order for them to be sealed, shut, blinded. Thus, with bandaged eyes and veins throbbing with the sugary liquid prepared in the laboratories of compulsory happiness, we crawl on the ground, a smile forever on our faces, like the madman with the green umbrella I pass every day on the street. Blindfolded, we shuffle toward the tombs awaiting us with colored balloons and signs: "*Welcome. Enjoy your ride.*"

No, Death is no longer the creature with a bony skull, lustfully embracing a young girl. And we are no longer the young girl, either. Day after day we drink the potions of oblivion, and when the time comes, we cross the threshold from one absence into another. Then an even greater oblivion begins gnawing at the absence and soon this is all that is left.

Mort

Un ami arabe m'a dit un jour : "Je trouve si rassurante la pensée qu'un jour je ne serai plus."

C'est là une manière de voir les choses qui est très *naturelle* ; mais qui parmi nous, les Occidentaux, pourrait dire cela ? Nous luttons contre la mort et nous luttons contre la vie.

Il y a quelque part une compagnie qui transforme le corps de votre cher défunt en un diamant. Vous pouvez l'emporter partout, même quand il n'est plus là. "Rien ne se perd dans la nature, tout se transforme," nous a-t-on appris il y a longtemps à l'école.

Même la mort n'est plus sans reste.

Death

An Arab friend once told me: "I find so reassuring the thought that one day I will be no longer."

This is a very *natural* way of seeing things; but who among us Westerners could say this? We fight against death and we fight against life.

There is somewhere a company that transforms the body of your dearly departed into a diamond. You can take it everywhere with you, even when he is gone. "Nothing is lost in nature, everything is transformed," we have been taught in school.

Even death is no longer final.

Acknowledgements

The following poems have been published in the following publications:

"The marvelous child," "Death," "My language," "Wedding (after the feast)": *ArLiJo;* "Metallic choir": *Prairie Schooner;* "The bronze balloon": *Parthenon West Review;* "Light": *The Bathyspheric Review;* "The train": *Café Irreal;* "Burials": *Pacific Review;* "A louse" & "Silence": *Santa Clara Review;* "The lepers" & "The shattered jug": *The Redwood Coast Review.*

The author wishes to thank Stephen Kessler, Isabelle Main, and Françoise Queromes for their linguistic and editorial insights.

$(p+r)^n$

Alta Ifland was born in Eastern Europe, studied literature and philosophy in France, and currently lives in California.

Gary Young is a poet and artist whose honors include grants from the National Endowment for the Humanities, the Vogelstein Foundation, the California Arts Council, and two fellowship grants from the National Endowment for the Arts. He has received a Pushcart Prize, and his book of poems *The Dream of a Moral Life* won the James D. Phelan Award. He is the author of several other collections of poetry including *Hands, Days, Braver Deeds,* which won the Peregrine Smith Poetry Prize, and *No Other Life,* winner of the William Carlos Williams Award. His most recent book is *Pleasure.* He teaches at the University of California, Santa Cruz.

L.A.-based artist **Danielle Adair** received her Masters of Fine Art in Studio Art and in Writing from California Institute of the Arts. Her work has been shown at Track 16 Gallery and Los Angeles Contemporary Exhibitions among others, and she is currently finishing her first novel, *Selma.*

TRENCHART Series of Literature

TRENCHART is an annual subscription series of innovative literature published by Les Figues Press. Each series includes five books situated within a larger discussion of contemporary aesthetics, as well as work by contemporary visual artists. All participants write an aesthetic essay or poetics, separately published as the series' leading title.

TRENCHART: Parapet Series

Parapet series visual art by Danielle Adair

Individual TRENCHART titles are available through:
Les Figues Press <http://www.lesfigues.com>
Small Press Distribution <http://www.sbdbooks.org>

ALSO PUBLISHED BY LES FIGUES PRESS

_ƒ_

LES FIGUES PRESS
Post Office Box 35628
Los Angeles, CA 90035
www.lesfigues.com